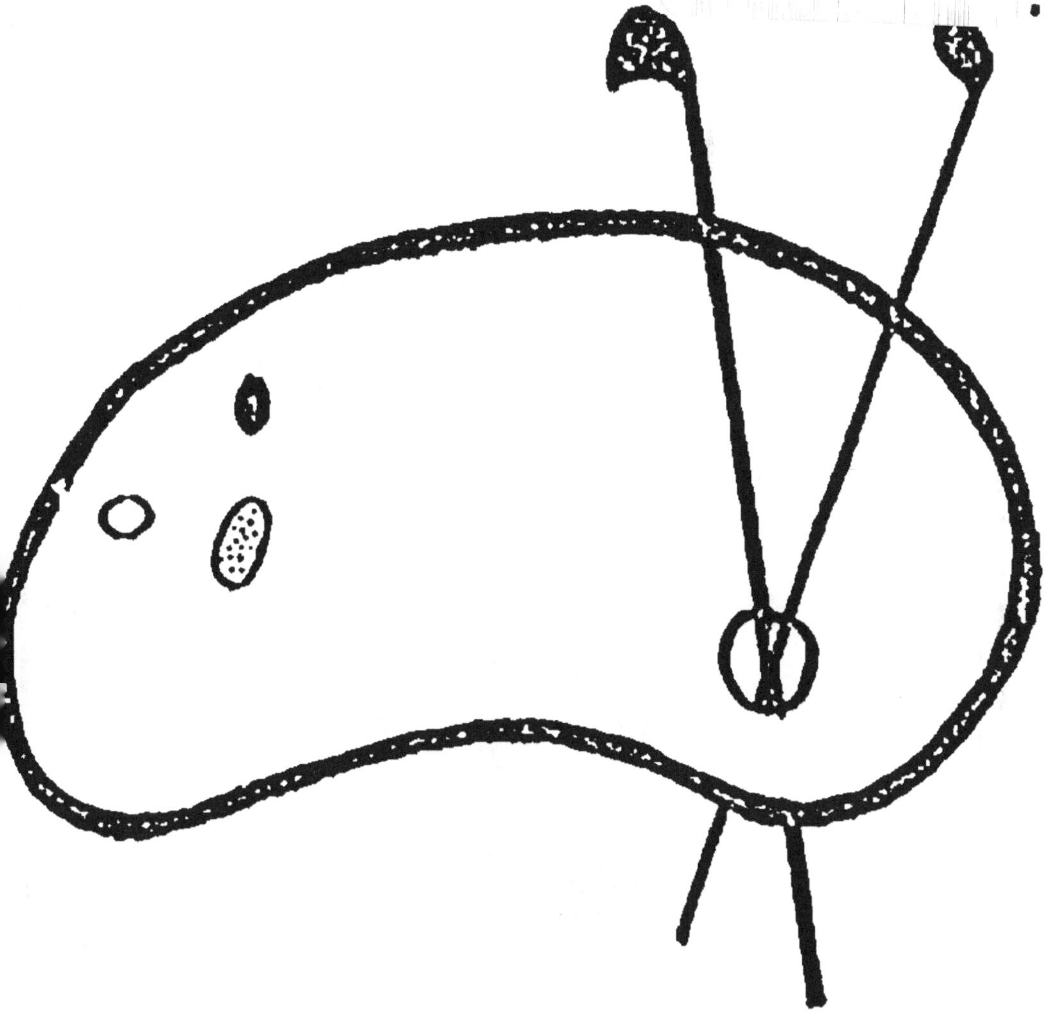

**COUVERTURE SUPERIEURE ET INFERIEURE
EN COULEUR**

LA DOULEUR

PAR

A. BLANC DE SAINT-BONNET

TROISIÈME ÉDITION

SOCIÉTÉ GÉNÉRALE DE LIBRAIRIE CATHOLIQUE

PARIS	BRUXELLES
VICTOR PALMÉ	J. ALBANEL
Directeur général	Directeur de la succursale
25, RUE DE GRENELLE, 25	29, RUE DES PAROISSIENS

M. D. CCC. LXXIX

Tous droits réservés

DU MÊME AUTEUR :

RESTAURATION FRANÇAISE

(2ᵉ ÉDIT. CASTERMAN ; vol. de 600 p.)

Prix : 5 francs

LA LÉGITIMITÉ

Honoré d'un Bref de S. S. Pie IX

ET DE PLUSIEURS LETTRES DE NN. SS. LES ÉVÊQUES

(CASTERMAN ; vol. de 700 p.)

Prix : 6 francs.

Pour paraître prochainement :

AFFAIBLISSEMENT DE LA RAISON

ET

DÉCADENCE DE L'EUROPE

LA CHUTE

Liv. I : *L'Infini.* — Liv. II : *La Faute.* —
Liv. III : *La Grâce.*

Paris. Impr. Noblet, 13, rue Cujas

LA DOULEUR

LA DOULEUR

PAR

A. BLANC DE SAINT-BONNET

—

TROISIÈME ÉDITION

—

SOCIÉTÉ GÉNÉRALE DE LIBRAIRIE CATHOLIQUE

PARIS	BRUXELLES
VICTOR PALMÉ	J. ALBANEL
Directeur général	Directeur de la succursale
25, RUE DE GRENELLE, 25	5, PLACE DE LOUVAIN, 5

M D CCC LXXVIII

Tous droits réservés

PRÉFACE

DE LA NOUVELLE ÉDITION

Les réflexions que renferme ce livre voudraient s'offrir, non pas aux saints, qui ont Dieu tout près de leur cœur, mais aux âmes moins favorisées qui le cherchent encore, ou qui par moments croient le voir disparaître derrière les infortunes et les afflictions de la vie. Les cœurs que la Foi emporte sur ses ailes n'ont besoin d'aucun autre secours; mais ceux qui ne sont soutenus que par leur propre vol, à tout instant se heurtent à une voûte obscure, et de là tombent dans la nuit.

Loin de Dieu, l'âme, la vie, l'univers

tout entier, ne forment plus qu'un vide immense. Dès que nous quittons la main de l'Infini, nous errons à travers des espaces dont le silence effraie. Nous demandons pourquoi nous sommes, et quel mystère cache notre existence. Nous demandons surtout ce que signifie la douleur, feu âpre qui semble sortir du néant et se glisser dans nos veines aussi promptement que la vie. « Vivre dans la douleur, et puis mourir, répétons-nous avec le vieil Homère, telle est la destinée préparée par les dieux aux humains. »

Du haut des clartés supérieures, les saints ont révélé le côté divin de la douleur. Il est peut-être utile aujourd'hui de la justifier, d'en montrer tous les avantages à notre esprit, présentement moins noble et plus attaché à lui-même. On s'est demandé si, à la lumière de la métaphysique, les choses reparaîtraient tout à fait telles qu'elles se montrent à la lumière de la Foi. On voudroit voir si le christianisme repose métaphysiquement sur les mêmes fondements que l'homme. On tient également à mesurer l'empire que Dieu a réservé à la nature : mais, en fait, c'est sur elle que vient s'abattre la douleur...

Les causes d'affliction se multiplient de nos jours, pendant que les organes débilités et les cœurs, sans doute plus faibles, nous trouvent moins disposés à prendre un parti héroïque. En général, les âmes avaient autrefois plus de force; et quant à celles qu'enivrait l'impression du beau, on ne les voyait point s'évaporer dans une vaine littérature ou dans de vains soupirs, comme le font à cette heure tant d'écrivains, d'artistes et de rêveurs. Elles conservaient cette impression comme une plante rare, que l'exercice de la charité ou la solitude des cloîtres devait faire croître assez haut pour que Dieu en pût cueillir le fruit. Ces âmes rencontraient l'allégresse et la paix sans même quitter la terre. Le monde retenait de préférence les esprits plus extérieurs, ou mieux disposés à soutenir des combats d'une autre nature.

Evidemment, les hommes sont devenus plus malheureux depuis la Révolution. Ne parlons ni de la désolante instabilité des fortunes; ni de l'accablante inquiétude attachée désormais à chaque individu comme à chaque nation; ni de l'effrayante cupidité qui envahit toutes les classes; ni de ces populations fatalement enlevées aux campagnes et appelées à disparaître dans les villes à la seconde et quelquefois à la première génération; ni de la santé générale, affaiblie au moment où l'homme plie sous une anxiété et un labeur exorbitants; ni même du vertige qui entraîne aujourd'hui des nations entières sur les champs de bataille : il nous suffit de voir que les liens du cœur et ceux de la famille se sont partout distendus ou brisés.. Comparons seulement l'état des affections et l'état des affaires à ce qu'elles étaient il y a soixante ans! La bonne foi a réellement disparu, la vie n'est plus la même, les caractères sont tout autres, et, sous le coup des changements qui les altèrent, le monde est certainement devenu le rendez-vous de la souffrance et le lieu de l'expiation..

« Le monde, disait il y a peu de temps le prince de Liechtenstein, est assombri par la présence d'une angoisse incessante. Depuis qu'il écarte la loi divine, la loi humaine n'est plus que le vouloir des forts, le mal, que sa violation par les faibles, et le bien, que l'art par lequel les habiles parviennent à l'éluder. Et, pendant que le plus grand nombre des hommes, dévoré par le besoin, épuisé par l'excès du travail, et privé des espérances éternelles, est torturé à la vue de jouissances hors de sa portée, le petit nombre, consterné, voyant la haine s'asseoir à sa table comme un spectre et l'attendre à sa porte comme un bourreau, parce qu'il se trouve seul en possession des biens, vit dans la pensée continuelle de se les voir ravir. Les hommes se sont créé un véritable enfer en ce monde [1]. »

Les sentiments humains ont baissé ; car on ne saurait prendre pour une vraie tendresse ou pour un sentiment à la hauteur de l'âme, l'inclination qu'ont aujourd'hui les mères à gâter leurs enfants. C'est la noblesse des affections qui en fait la valeur, et, loin d'exclure la tendresse ou la sympathie, c'est elle qui les tient au niveau du cœur. Aussi, qui ne remarque à la fois l'abaissement de l'autorité paternelle, le relâchement de l'éducation, le luxe chez les

[1] *Discours* du prince de Liechtenstein sur la Question sociale, au Congrès des catholiques autrichiens, à Vienne; 3 mai 1877.

femmes, l'insubordination chez les enfants, et le malaise de tant de cœurs à la poursuite, non plus de l'affection, mais des plus pauvres jouissances? Plus de vertus de famille, dès lors plus de bonheur ni d'avenir. La génération qui arrive est sur le seuil de l'affliction et des calamités.

Jusqu'à nos jours, la famille trouvait son bonheur en elle-même, et la difficulté des communications aidait encore à défendre les abords de ce petit Éden, qu'enrichissaient ses traditions et que venait tout autour embellir l'amitié. Là chaque cœur avait sa paix, et chaque esprit, sa joie exquise. Aujourd'hui, il est dur de le dire, on se passe des affections domestiques aussi bien que de l'amitié.. Par suite de l'ingratitude et de la grossièreté des cœurs, les fils cherchent à se dérober à la tutelle et à la tendresse de leur père; et si, d'autre part, les cercles, les cafés, les affaires retiennent outre mesure l'homme hors du foyer, la toilette exagérée des femmes montre que la pensée de celles-ci n'habite plus paisiblement leur intérieur. Tout entraîne les cœurs, plus que jamais légers et durs, à remplacer le bonheur par les distractions éphémères.

Une étrangère disait, après avoir passé un hiver à Paris : « Je n'aime pas Paris, parce qu'on peut s'y passer du bonheur. » Actuellement, la plupart des hommes veulent se passer du bonheur; car il exige des vertus qu'on ne prend plus la peine d'acquérir. Le cœur s'en va, le cœur nous manque, et le chagrin est venu se loger dans cet orbite laissé vide. — C'est au milieu de ce « désert d'hommes », c'est sur ces plages dépouillées, où la famille ne présente que quelques plantes en partie desséchées, et où l'amitié n'offre plus à chaque pas ses sources rafraîchissantes, c'est dans ces sables arides où la bienveillance, l'honneur et l'urbanité finissent par périr, que se voient en ce moment jetées des âmes pleines de sensibilité et d'attendrissement.

Peut-être oublions-nous que, pour fortifier et apaiser le cœur de l'homme, pour l'empêcher de trop s'ouvrir à cette vie, Dieu voulait qu'il fût partout absorbé par la vie pratique. Partout il appelait les fils des hommes à travailler sans répit pour pouvoir subsister; et les filles des champs n'avaient, à leur tour, pas un moment pour lire ou pour rêver. Aussi, possédions-nous des races fortes, races trempées dans la pratique et produisant des hommes. Aujourd'hui, nous les remplaçons en tous lieux par une race de liseuses, de suffisants et de rêveurs.

Pour remédier à la faiblesse de volonté dans laquelle nous a laissés la Chute, Dieu nous donna pour traitement une vie où l'effort vient rétablir la volonté et fait rentrer la générosité dans le cœur. Par l'abus des lectures et des rêveries, nous y substituons, dans les classes éclairées, une vie propre à engourdir la volonté et à laisser s'épuiser de plus en plus le cœur. Pourra-t-on échapper longtemps sans péril à l'éducation primitive que Dieu eut soin de préparer à toute l'espèce humaine ?

En enflant l'imagination, ces lectures, qui maintenant sont entrées dans notre existence, développent certaines aptitudes secondaires aux dépens de l'énergie du vouloir et de l'état salubre du cœur. Elles impriment un élan factice à des facultés déviées de leur but[1], et dès lors sans objet,

---

[1] L'imagination et la littérature ont corrompu leur mission providentielle. C'est ainsi, par exemple, que l'art divin de la musique, donné pour nous transmettre une impression enchanteresse des joies qui lient les trois Personnes éternelles, sert à présent aux danses de théâtre et aux refrains odieux de la rue. Pour exploiter de faux sentiments, il y eut de nos jours autant d'écrivains que pour répandre de faux principes en politique. Une armée de littérateurs a travaillé à notre décadence, ceux-ci démolissant la Foi, ceux-là démo-

réduites ainsi à s'exercer sur elles-mêmes et à se déchirer cruellement. Alors, se repliant de cent manières pour chercher un repos qu'il ne retrouvera plus, le cœur, riche en désirs, mais pauvre en déterminations sérieuses, se voit « enclin aux exagérations, aux espérances insensées, à la mobilité, aux craintes sans objet, » aux caprices, aux présomptions, aux mécomptes, à la mauvaise humeur, bientôt à la colère, et de là aux ravages de la douleur. Les afflictions que cet état maladif répand sur la vie détruisent peu à peu les ressorts de l'âme, et là livrent aux dangers qui naissent de l'abattement. Ceux qui errent dans ces vides brûlants côtoient à tout moment le désespoir, ou un état peut-être pire ; et

lissant le cœur, d'autres démolissant les institutions du pays au moyen du libéralisme. A cette heure, ils démolissent la raison. Race fatale qu'il valait mieux laisser à la charrue, ou qui aurait dû tirer un parti plus noble de l'espèce d'instruction littéraire qui, à son préjudice, s'est un beau jour trouvée à sa portée.

d'ailleurs l'homme est étouffé par la violence de ses désirs. Il se tient maintenant trop éloigné de Dieu, et la respiration lui manque.

Oui, parmi les signes alarmants de notre décadence, celui qu'on ne remarque peut-être pas assez, est l'habitude prise dans les classes aisées de lire au lieu d'agir ; manière artificielle et pauvre d'exploiter les richesses de l'âme ! Il faut savoir que ces lectures, trop souvent vides, faites en dehors des grands auteurs ou des livres de Foi, agissent sur notre âme à la manière d'un opium qui l'excite un moment pour la jeter après dans la torpeur[1]. Un jour elle succombe, affaiblie par le manque de ses vrais aliments, c'est-à-dire des grâces qui accompagnent ou suscitent les actes chez l'homme. Ces lectures ont produit ce

---

[1] Et ce livre, à son tour, serait un endormeur, s'il ne venait pour dissiper quelques nuages et nous inviter à l'action.

ramollissement du cœur qu'on remarque chez les personnes, de plus en plus nombreuses, qui ne savent plus rien supporter. Comment alors s'arranger de la vie, plus que jamais remplie de revers de fortune, de souffrances intérieures, de maladies sans fin, de peines domestiques sans nombre? De là une source nouvelle de suicides, jointe à celles qu'avaient ouvertes la paresse, la misère et le scepticisme.

Se voir dans la lumière, sentir battre son cœur, tenir ce beau présent de Dieu, la vie! et, parce qu'on y trouve un soupir, la rejeter de colère à la mort.. briser la tige où va paraître un fruit d'éternel amour et de félicité. Cette odieuse frénésie, devenue le forfait du jour, n'indique-t-elle pas ce dépérissement des cœurs qui, à force d'ignorance et de lâcheté, tombent dans la dernière crise d'un idiotisme absolu?

Ce paupérisme moral, tout aussi effrayant que l'autre, découle comme lui d'une pénurie de Foi. Et pendant qu'il désole tout une série d'âmes, n'en voit-on pas une autre tristement amoindrie par l'égoïsme, la froideur, la cupidité, la frivolité et le manque d'honneur? Lorsque Dieu n'est plus là, où est l'homme? faut-il s'étonner, dans ce cas, de voir accourir à la fois la bassesse, les crimes et les douleurs? Et si aucune puissance ne peut séparer notre âme de Dieu, dans quelle torture inexplicable doit tomber celle-ci quand c'est d'elle-même qu'elle s'en arrache?

On sait toute notre tristesse et toute notre misère quand on a dit que l'homme a perdu Jésus-Christ. De même qu'on a montré à l'homme tous les remèdes, quand on lui a dit qu'il ne retrouvera l'allégresse intérieure qu'en retournant à Jésus-Christ. Or, avec l'allégresse, l'homme retrouverait la grandeur : comment nier qu'en Europe la décadence des peuples date du jour où a commencé celle des âmes par l'affaiblissement de la Foi ?

Nous sommes donc plus malheureux, non pas uniquement parce que les caractères, les coutumes, les lois, les sentiments, l'état économique conspirent à rendre notre existence moins noble, plus agitée, plus douloureuse qu'avant la Révolution, mais parce que nous ne sommes plus dans un milieu chrétien. Nous n'avons plus en nous la force, nous n'avons plus la vie de Dieu ; l'amour s'éteint, et nous restons en proie à la désolation d'une nature à la fois déchue et délaissée.

On le voit, il existe de mauvaises tristesses et de mauvaises douleurs. Des douleurs qui portent la mort ne sauraient être rangées parmi les lois du monde ; car la douleur a une autre mission : elle sert d'avertissement, elle redresse ou purifie le cœur, ou même elle fournit un nouveau véhicule au courage. Voilà celle qu'il nous importe d'étudier pour nous mettre à l'abri des autres.

Les considérations sublimes que nous découvre cette douleur, sont faites pour réjouir les âmes qui n'ont ni méprisé la lumière ni maudit l'existence. Mais les plus hautes contemplations ne sauraient remplacer la force qui vient de la prière et succède à l'action. Or l'action par excellence, celle qui réunit tout, celle qui guérit tout, c'est la charité. La charité active renferme en même temps pour nous force et contentement. C'est vers elle qu'il faudrait maintenant diriger toutes nos pensées.

Que nos âmes s'adressent à la charité active, puisqu'elles n'ont plus la force de chercher du secours dans la contemplation! Et non-seulement la charité guérit tout dans la vie, mais un jour notre place auprès de Dieu sera proportionnée à cet insigne amour.

Il faut donc répéter à ceux qui s'arrêtent au triste point de vue d'Homère : Ne nous plaignons ni de la mort ni de la vie. Le bon sens dit que celle-ci nous est donnée pour recueillir la vie de Dieu, l'Esprit de Dieu. Quelle autre cause que cet Esprit pourrait créer, vivifier et béatifier une âme? Seul il peut nous transmettre le don de force et de paix intérieure. Pour accroître en nous l'Esprit Saint, employons donc tous les moyens : la prière, qui l'attire, les sacrements, qui nous le livrent, l'austérité, qui nous le garde, les œuvres, enfin, qui nous l'incorporent et l'accroissent en nous.. En possession de l'Esprit-Saint, de quoi peut-on réellement souffrir ? La pensée seule de cette possession suscite une force dépassant toute force, une douceur dépassant toute douceur, un courage à l'égal de tous les héroïsmes.

AVANT-PROPOS

DE LA PREMIÈRE ÉDITION

Ce livre s'adresse à quelques âmes qui, de nos jours, restent dans l'affliction. Pleines d'un attendrissement qui semblait formé pour le ciel, elles ont tout une vie à écouler sur la terre. Le christianisme a créé des races choisies, et les cœurs venus sur la tige de ces nobles générations ouvrent leur calice avec extase à l'existence, pour recevoir la rosée amère des pleurs. L'être bon a compris la parole de l'amour, et quand la vie la lui retire, la blessure ne sait plus se refermer.

Les développements de la conscience, l'étendue de l'imagination, la perspective des joies infinies, et cette aptitude à l'émotion qui accroît en quelque sorte notre être, tout concourt aujourd'hui à jeter des âmes riches, tendres, merveilleuses, au milieu d'une existence amère ou désenchantée. Il est une fleur de l'amour qui ne doit pas éclore entièrement en cette vie : quand la branche a verdi vers le haut, on ne sait plus où l'abriter des souffles de la terre.

La sensibilité a pris des proportions qu'elle n'avait pas dans l'antiquité. Cette sorte de douleur que nos temps appellent mélancolie, naît d'une inquiétude particulière dont les anciens ont ignoré le nom. Elle semble venir aujourd'hui à la suite de toute grande faculté. Comparons l'âme de Manfred ou de René à celle des héros d'Homère ! Les anciens se contentaient de la nature : que dire au moderne agité du sentiment de l'Infini, et qui s'attend à y donner une satisfaction en ce monde ?

L'amour est devenu trop sensible pour ne pas tenir le cœur exposé à toutes les blessures dans l'ordre entier des affections, et la conscience, trop éclairée pour s'enfermer paisiblement dans la pratique de chaque jour. Exaltations généreuses, amours irrassasiés, enthousiasmes inapplicables entés sur des volontés affaiblies, tout nous assaille, et tout s'apprête à nous dévorer comme une proie intérieure. L'homme se trouve en même temps chargé du mystère de son existence et du poids de plus en plus lourd de son cœur.

Les transports d'une Foi qui par malheur s'éteint pourraient seuls le tirer de ses cruelles inquiétudes. En fait, l'homme ne saurait se soutenir qu'en s'approchant toujours plus près du Créateur. Qu'il se rappelle donc ce qu'il vient faire en cette vie. Qu'il sache que son âme doit s'y former et s'y purifier, afin de pénétrer un jour dans les joies du souverain bien, ce qui ne saurait avoir lieu sans une transformation du moi opérée par l'amour. Il faut nécessairement que notre âme se donne peu à peu à l'Infini, pour pouvoir contracter avec lui une ineffable alliance !

La sainteté n'est que le don de la personnalité humaine. Mais il faut être pour se donner; et, pour vivre éternellement, il faut que cette personnalité se fonde par le mérite. Voilà pourquoi l'effort est partout sur la terre, et pourquoi la douleur vient si souvent s'ajouter à l'effort.. Mais à cette heure le trouble augmente au sein de l'homme, parce que, toujours plus accablé de sa propre faiblesse, il perd de vue le but de ses douleurs. Il ne semble plus convaincu de la sublimité de l'existence; il n'est plus assez persuadé que l'Infini s'emploie tout entier à l'œuvre d'une sanctification d'où jailliront nos joies éternelles. Enfin, il ne voit plus comment la vie conduit elle-même une opération si savante !

De crainte qu'une foule d'hommes ne prennent en haine leur destinée, il faut peut-être de nouveau leur expliquer le mystère de la vie.

M. de Chateaubriand faisait déjà cette remarque en 1802 : « Les persécutions qu'éprouvèrent les premiers fidèles augmentèrent en eux le dégoût des choses de la vie. L'invasion des barbares y mit le comble, et l'esprit humain en reçut une impression de tristesse qui ne s'est jamais bien effacée. De toutes parts s'élevèrent des couvents, où se retirèrent des malheureux trompés par le monde, et des âmes qui aimaient mieux ignorer certains sentiments de la vie que de s'exposer à les voir cruellement trahis. Mais, de nos jours, quand les monastères, ou les vertus qui y conduisent, ont manqué à ces âmes ardentes, elles se sont trouvées étrangères au milieu des hommes. Dégoûtées de leur siècle, effrayées peut-être par la Foi, elles sont restées dans le monde sans se livrer au monde. Elles sont alors devenues la proie de mille chimères, et l'on a vu naître cette coupable mélancolie qui s'engendre lorsque les passions sans objet se consument elles-mêmes dans un cœur solitaire. »

Ces âmes se trouvent maintenant engagées dans les voies où le cœur ne rencontre que des sacrifices à faire, et la volonté, que des obstacles à surmonter. Elles ne vivent au milieu du monde que pour voir croître leur abnégation, car elles y sont entourées de caractères vains, chez qui la personnalité a pris l'avance sur le cœur, et qui demandent à être portés ou admirés plutôt qu'à être aimés. Enfin l'absence trop générale d'éducation, l'égoïsme croissant, l'impuissance provenant des maladies, et l'instabilité des fortunes, créent des états sans compensation ici-bas, et donnent cours à des douleurs dont la piété elle-même se trouble, et que la charité à chaque instant s'étonne de ne pouvoir guérir.

Il ne faut pas s'étonner trop de certaines

douleurs. Les hagiographies disent aussi que les âmes favorisées de grâces extraordinaires sont très-souvent destinées à souffrir pour celles qui ne sauraient pas supporter la douleur. Elles traversent alors des circonstances qui deviennent pour elles-mêmes une école de renoncement parfait. Entrant en lutte avec leurs faiblesses propres, elles acquièrent les vertus qui leur coûtent le plus et qui coûtent le plus aux hommes, pour qui elles se voient offertes à Dieu comme victimes expiatoires. Mais de telles âmes, il est vrai, ne se lamentent pas..

Le déclassement intellectuel amené par la Révolution a aussi augmenté sans mesure la masse des douleurs. Nous ne parlons pas ici des multitudes sous lesquelles l'abus de l'industrie ouvre le gouffre du paupérisme, mais bien des individus sans nombre chez qui des lectures intempestives enflent l'imagination et produisent un développement tout factice du cœur. Les fortunes rapides, ici fournies par l'extension du commerce, là par l'agiotage même, ont tout à coup multiplié les familles où une instruction trop légère, suivie de la lecture des romans, déploie la sensibilité aux dépens de la volonté et du caractère. Autrefois, les familles qui avaient part à l'instruction littéraire, comptaient pour ancêtres des hommes formés, soit par la rude vie des champs, soit par la vie non moins âpre des camps. Il circulait dans ces lignées un esprit de vaillance qui relevait les cœurs. Il en sortait des races plus aptes à porter l'accroissement de sensibilité et d'imagination dont l'instruction devient souvent la source malheureuse. Comment les âmes écloses dans la tiède atmosphère de nos villes, et tristement réduites à la recherche du bien-être, seraient-elles capables de porter maintenant tout le poids de la vie, et d'habiter parmi des hommes dont les sentiments ne peuvent répondre à leur délicatesse maladive?

On ne saurait non plus perdre de vue la foule toujours croissante sur laquelle le travail industriel, journellement lié à la misère, s'appesantit de toute la force de sa loi. Ne faut-il pas expliquer à ces âmes déconcertées le but divin de l'héroïque effort que le travail, ici-bas, impose quotidiennement à l'homme pour le régénérer, le tirer de lui-même et le conduire, purifié, à ses destinées surprenantes? Si nous pouvions apercevoir ce qui se passe à notre égard dans l'autre vie, lorsque, par la vertu, par le travail ou par l'effort, nous combattons dans celle-ci, nous serions saisis d'une extase qui nous ravirait le mérite. Mais il faut en savoir quelque chose quand la volonté se cabre, ou quand l'esprit, se faisant plus grand que le cœur, ne pense plus à l'éclairer, et ne sait plus le retirer des chemins qui confinent au désespoir.

Or, si ce livre, ô lecteur, te fraye un passage vers la lumière, profites-en pour monter de toi-même où ne sut point aller l'auteur. Car ce dernier n'écrit pas pour les saints, mais bien plutôt pour ceux qui, tout aussi troublés que lui, auraient grand besoin de le devenir. Et s'il tient ici le côté noble de l'homme, garde-toi de t'en prévaloir, et ne te fie à ses paroles qu'en redoublant d'humilité. Les âmes qui se croiraient plus près de Dieu, ne peuvent guère s'en assurer que par une soumission plus grande. Dieu regarde moins la dignité des vertus que la douceur de modestie avec laquelle on les porte.

Ces pages vont paraître en des jours où il n'est plus possible de se taire. Les douleurs du dedans occuperont toujours leur place; mais celles du dehors amoncellent de si gros nuages que, comme des voyageurs en péril, il faut retrouver nos sentiers. La douleur! il est à craindre que ce mot, et non celui de progrès ou de jouissance, ne renferme l'énigme des temps présents. Dieu, voyant sa parole repoussée par les sages et méprisée par la foule, remet à nu les fondements du monde, pour que son enseignement reparaisse tout vivant dans les faits. Les hommes se sont creusé des demeures où la lumière n'entre plus. Ils ont trouvé moyen de tourner la Foi, et de rendre la vérité inutile à la terre. Un mensonge est venu violemment se mettre à la place de chaque enseignement.. Mais, lorsqu'ils se croyaient à l'abri derrière leur imposture, ils ont entendu cette voix :

Parce que vous avez rendu mes temples déserts, je ferai le désert autour de vous; et parce que je ne possédais plus une pensée dans vos cœurs, je n'y laisserai pas un espoir ! Parce que vous avez appris aux autres peuples à oublier mon nom, et parce que vous l'avez effacé de vos lois, vous le prononcerez dans la détresse sans que mon oreille l'entende; et parce que vous avez ri de ma parole, vos ennemis, bientôt, riront de vos gémissements...

Cependant, Dieu ne veut point abandonner ce peuple, qui porte déjà tant de la substance de son Fils. Les principes s'en vont, et les nations succombent; mais lorsque, avec sincérité, elles crieront vers Lui, Il les reprendra dans ses bras...

Mai 1848.

Pressée sur la route des âges, ô âme! que portes-tu là qu'on ne reconnaît point? Comment trouver dans l'Infini l'objet qui projette cette ombre sur toi? Serait-ce une tache apportée du néant? car on te voit traversant la nuit avec une flamme sur la poitrine. Est-ce pour t'éclairer ou pour te consumer? tu ne te l'es pas demandé. Quand cette flamme s'est arrêtée sur moi, j'ai voulu regarder, et je te dirai peut-être ce que c'est...

PREMIÈRE PARTIE

CHAPITRE I

LA DOULEUR AU POINT DE VUE DE L'INFINI.

L'Homme est comme une production de l'être en dehors de l'Infini.

Pourquoi sortir de l'Infini ? comment rentrer dans l'Infini ? c'est là tout le problème de l'homme.

Il doit sortir de l'Infini pour établir son moi et déployer sa personnalité ; il doit rentrer dans l'Infini pour prendre place dans l'éternelle Béatitude.

Car le bonheur est la fin suprême de l'être.

Mais il faut rentrer dans l'Infini sans s'y confondre, et cependant il faut en avoir la nature pour en posséder le bonheur.

Or la personnalité se déploie en pénétrant dans le mérite, et le cœur se divinise en pénétrant dans l'amour. Le mérite est la forme qui rend l'homme visible au milieu de la Gloire, et l'amour est le signe de race qui doit le réunir à Dieu.

L'amour étant la félicité de l'Infini, l'homme ne pourra participer à la félicité qu'en participant de l'amour. Mais il faudra que l'homme, qui d'abord n'était pas, constitue sa personne, par le mérite, pour contenir cette félicité.

Tels sont les éléments de la formation de l'homme. Et c'est peut-être pour assurer ces deux éléments que l'essence humaine a été, dès l'origine, divisée en deux sexes : l'un surtout doué de force, pour le travail de la personnalité; l'autre surtout doué d'amour, pour le travail du cœur.

Ainsi toute la destination de l'homme sur la terre est de former sa personnalité en y imprimant le mérite, et de former son cœur en y purifiant l'amour. Il forme la première par la lutte, qui est dans le Travail; il prépare le second par l'amour, qui naît dans la Famille, et que divinise la Foi.

Aussi deux choses remplissent toute son existence : le travail et la famille. Travailler et aimer, on n'accomplit pas d'autres fonctions ici-bas. L'homme sort de chez lui pour lutter, et il rentre de la lutte pour aimer.

Il lutte, pour établir son moi et sa personne; il aime, pour ouvrir son cœur à la félicité. Douleur et amour, l'homme ne connaît que deux soupirs !

De là les guerres, les maladies, et l'universelle misère : tout ce qui peut multiplier l'effort. De là la Société et les affections disposées le long de la vie : tout ce qui peut assurer l'amour. Notre corps même ne laisse sur ses traces que des larmes et des sueurs.

De là, pareillement, deux joies ne sauraient être ôtées de l'âme, toujours vivante sur deux points : la joie qui s'attache à la personnalité, et la joie qui relève du cœur, l'amour-propre et l'amour.

Celui qui, appartenant à d'autres cieux, viendrait pour la première fois sur la terre, y verrait effectivement deux faits universels se lier à l'existence de l'homme : le travail et la famille; deux choses remplir toute sa vie : la peine et les affections. Aux yeux de l'observateur, ces deux grandes conditions de la vie humaine dans le temps indiqueront toujours le but de cette vie au delà du temps.

Il faut que l'homme ait la vie de l'Infini, mais qu'il y entre sans s'y confondre. Il semble que le but de la création, par rapport à l'homme, est d'éviter que sa nature ne s'absorbe dans l'Infini, ce qu'on obtient par le mérite ; puis de rendre cette nature capable de goûter l'Infini, ce qu'on obtient par l'amour.

L'homme viendra puiser ici-bas un principe de distinction par le mérite, qui lui devient propre, et un principe d'union par l'amour, qui doit le réunir à ce qui est éternel. Car l'Infini existe par lui-même ; de plus, il vit de l'amour de ses trois ineffables Personnes : l'être appelé dans l'Infini devra donc se rapprocher de cette ineffable nature. Il est tenu de traverser les lois même de l'Être : rien ne saurait le dispenser de ces conditions glorieuses. Mais, par suite de sa faiblesse, il ne peut réaliser que dans un ordre chronologique ce qui en Dieu s'opère dans un ordre logique infini, éternel et indivisible.

Dès lors, tout ce qui pourra purifier et déployer la personnalité, ou augmenter la vie de l'amour, conduira l'âme à ses destinées absolues. Mais un fait qui favoriserait en même temps la personnalité et l'amour, serait le fait inséparable de la condition humaine, le grand auxiliaire de la création.

Or, à côté de la famille et du travail, on voit le fait mystérieux de la Douleur.

CHAPITRE II

LA DOULEUR AU POINT DE VUE DE L'HOMME.

Toute faute chez l'homme étant composée de deux éléments, l'égoïsme et la volupté, il faudra que le remède se compose de deux éléments, pour atteindre le vice qui s'attaque à l'esprit et celui qui s'attaque à la chair.

L'esprit a péché en se laissant trop remplir de lui-même : il faudra que l'esprit se répande hors de lui-même. C'est ce qui s'opère au moyen de l'aveu. La confession rétablira peu à peu, dans l'âme, l'équilibre entre le moi et l'humilité.

Le corps a péché en cédant à tous ses penchants : il faudra que le corps se refuse tout entier à lui-même. C'est ce qui aura lieu au moyen de la privation. La pénitence rétablira peu à peu, dans le corps, l'équilibre entre les sens et la volonté.

Il se produit alors un résultat complet. Le corps, rappelé à la privation, se sent délivré des mouvements désordonnés qu'entraînait sa prédominance, et rentre avec satisfaction sous l'hygiénique empire de la vertu. L'âme, se sentant initiée à l'humilité, rentre dans sa propre possession spirituelle, et reprend avec joie les douces résolutions de l'innocence.

Cette révolution opérée tout à coup dans le corps et dans l'âme est l'œuvre de la douleur. L'homme a-t-il perdu toute force morale ? est-il tombé au fond de l'inertie et de la corruption ? en un mot, est-il incapable de s'élever au bien par les actes de sa liberté ? confiez-le à la douleur, elle l'amènera peu à peu vers les niveaux de la vertu.

Quel est donc ce mystérieux agent? Quoi, la Douleur! N'est-elle pas l'opposé de l'état éternel? N'est-elle pas contradictoire à l'être? La fin absolue étant le bonheur, se pourrait-il que l'être s'y élevât par le moyen de la douleur?

Cherchons ce que c'est que la douleur. Mais d'abord, la douleur n'est pas de l'être; on la voit placée à côté du mal pour l'extirper de l'être. Sans le mal, la douleur ne serait pas née, elle ne serait point entrée dans le temps. Mais, à cette heure, elle trempe l'être dans ses flammes pour le purifier; on voit ainsi le métal en fusion rejeter une écume de sa substance embrasée.

L'homme est fait pour l'Infini. S'il avait montré, premièrement assez de volonté pour s'imposer de lui-même les efforts nécessaires à la formation de sa personnalité, et, secondement, assez de cœur pour s'imposer de lui-même les sacrifices nécessaires à la formation de son amour, la douleur n'eût pas existé. La douleur est un remplaçant du travail, et un suppléant de l'amour.

Ayant été créé dans l'état de justice et d'innocence, l'homme se trouvait placé, en tant qu'être, immédiatement au-dessus de la douleur. Il était formé, il lui restait à se développer : le soin en était remis à ses œuvres. En cet état, l'action suffisait à l'éducation de sa volonté, et l'obéissance à celle de son cœur; la peine n'était pas devenue un supplément nécessaire à la formation de la première, ni le sacrifice un supplément nécessaire à celle du second. Mais, tombant au-dessous de cet état, l'homme s'est trouvé de suite en proie au douloureux travail de l'être aux prises avec le non-être.

La création, faisant franchir à l'homme

tous les abîmes du néant, l'avait en quelque sorte amené à la surface de l'être. Il ne restait à l'homme qu'à s'élever selon sa loi; il n'avait pas à remonter tous ces degrés inférieurs où il est descendu et où il a rencontré la douleur, indispensable désormais au régime de son être.

La volonté et le cœur, ces deux pôles de l'homme, s'étant amollis, la douleur n'est qu'un travail plus profond imposé à l'exercice du cœur. Elle vient comme un feu âpre ranimer une liberté expirante et rallumer un amour qui s'éteint. L'homme désespéré s'enfonce dans le mal, s'abandonne lui-même, perd de vue sa destinée : il voudrait retomber dans l'oubli éternel. La douleur est l'instrument qui va de nouveau l'arracher au néant.

Rien n'est plus habile que la douleur. Elle rétablira la vie dans la nature humaine précisément par ses deux grands organes.

La volonté se couche-t-elle dans la paresse ? la douleur pèsera sur elle de tout son poids, l'obligeant à soutenir un fardeau que cette fois elle ne peut rejeter. Le cœur se ferme-t-il dans l'orgueil ? la douleur saura le rouvrir jusqu'au fond et en faire couler des sources abondantes de pleurs.

La douleur martèlera la volonté jusqu'à ce que celle-ci revienne prendre d'elle-même l'exercice de sa loi ; et elle brisera le cœur jusqu'à ce que celui-ci tombe de lui-même dans l'attendrissement que demande l'amour. La douleur courbe l'être, mais en réveillant son énergie de réaction. Il semble que la vie ait besoin de se voir comprimée comme un ressort pour retrouver sa force !

Enfin, la douleur amènera la patience ; or, la patience est le triomphe de la volonté. La douleur amènera le renoncement ; or, le renoncement est le triomphe de l'amour. Par le moyen de la douleur, la liberté et l'amour rentrent en l'homme avec toutes leurs racines, avec toutes leurs branches; le cœur et la personnalité reprennent leur élan vers la vie absolue. Et celui qui laissait tomber dans le mal le pouvoir de se développer, est comme forgé de nouveau sur l'enclume divine !

L'âme, démoralisée, voudrait abdiquer sa loi et sa liberté, renoncer au mérite; elle voudrait, perdue dans la nuit, se démettre de l'existence même; et la douleur va la chercher sur les bords du néant pour la ramener au combat de la vie. Le plus ancien écrivain de la terre, Job, l'a dit : « Militia est vita hominis super terram. » Quelle admirable chose que la douleur ! Quel instrument précieux est entré dans le temps!

Auxiliaire de la création après le malheur de la chute, la douleur est le levier de l'amour, le second bras de Dieu.

CHAPITRE III

ŒUVRE DE LA DOULEUR DANS LE TEMPS.

Abstenons-nous de peindre la douleur. Indiquons seulement son effet psychologique, comme on vient d'indiquer sa fonction en quelque sorte ontologique.

Voyez combien l'homme affligé devient facile à aborder. Comme ce coursier impétueux et sans frein a été ramené, par la peine et la privation, sous la main qui doit le conduire ! Approchez seulement de l'âme altière que la douleur vient d'atteindre. Dans sa gloire, elle n'écoutait personne et méprisait tous les secours; mais à cette heure sacrée, elle entendra tout, vous accueillera avec reconnaissance, et se soumettra avec charme et résignation. Jugez combien d'humilité est née de la douleur!

Approchez également du cœur insensible que la douleur vient de briser. Dans son orgueil, il ne vivait que de lui seul et repoussait la sympathie. Mais, à l'heure de la douleur, ce cœur si intraitable n'a plus rien de dur; il renonce au mal, il vous appelle, il répète le mot de consolation, se donne à vous et demande avec effusion que vous l'aimiez un peu. Jugez combien d'amour est né de la douleur!

Or, l'amour et l'humilité étant le contraire exact de l'orgueil, ici l'orgueil est étouffé par la douleur.

L'être s'était en quelque sorte noué par l'orgueil : une force devra le briser en éclats avant qu'il se reconstitue; c'est la mort. Car, sans l'orgueil, la mort, ce temps d'arrêt dans l'être, n'aurait peut-être pas existé. La mort ne semble pas une chose naturelle : la nature a-t-elle horreur de ce qui lui est conforme? La mort n'appartient pas vraiment à l'être ; elle fut envoyée par la vie pure contre le mal, cet ennemi de l'être.

Née de l'infortune de l'homme, et annoncée dans le paradis terrestre, la mort vient sur les pas de notre liberté pour en dévorer d'un seul coup tous les fruits de réprobation. Nul être, au reste, ne peut prendre sa forme définitive sans une dissolution de sa forme antérieure [1]. La mort est la solde de l'orgueil ; elle seule pouvait

---

[1] « Le grain ne porte point l'épi, dit l'Évangile, s'il ne meurt dans la terre. » Dissolution du mal, la mort s'arrête quand ce dernier s'évanouit. Les Pères ont appelé l'homme *la plante mystique de la résurrection*.

« Dieu n'est pas l'auteur de la mort, s'écrie Mgr de la Bouillerie ; *Deus mortem non fecit* ; il ne sait que donner la vie, *creavit hominem inexterminabilem* ; c'est le péché, notre ennemi, qui a semé l'ivraie de la mort. Dieu nous a envoyé son Fils, qui était la vie, « *in ipso vita erat*. » il a rendu à l'homme son immortalité. »

rétablir la vie pure partout où le mal avait passé. Oh! l'admirable invention que celle de la mort! Mais la mort avait besoin de combattre l'orgueil durant la vie, c'est pourquoi elle a envoyé en avant la douleur. La douleur est l'écuyer de la mort.

L'homme altier s'est soumis, l'homme dur s'est attendri, l'homme paralysé s'est ranimé en prenant le breuvage de la douleur. D'une liberté épuisée, elle a su faire sortir les triomphes de la patience; d'un amour éteint, elle a su faire jaillir les gloires du renoncement; et d'un être déformé par l'orgueil, elle a tiré une âme déjà resplendissante!

O mystère de l'être, que de ressources dans tes abîmes! Où le néant semblait indispensable, déjà la mort vient de suffire.

Comme le remarque madame de Staël, *la douleur est donc un bien*, ainsi que l'ont dit les mystiques. Elle n'est pas un bien en soi, mais en ce qu'elle est l'instrument efficace d'un bien. La douleur est notre moyen naturel de perfectionnement ; elle est une dernière ressource pour l'âme qui, dans sa défaillance, abdique ses prérogatives.

Une partie de l'âme est-elle tombée dans l'insensibilité de la mort, l'ardent charbon de la douleur y rallume aussitôt la vie. La douleur restitue ses puissances radicales à l'homme, qui, sans mérite, les avait reçues de la création. Elle produit un effet qu'on ne sait comment exprimer : elle condense l'être. Sous les coups répétés du marteau, le fer rouge devient de l'acier.

Semblablement, dans l'ordre physique, la douleur, fille de l'irritation, n'est qu'une accumulation de vitalité sur un organe. Pour ranimer un membre engourdi, on ramène par des frictions la sensibilité, jusqu'à ce qu'on se rapproche de la douleur. Ce sont les douleurs de la fatigue, de la privation et de l'effort, qui, dispensées avec mesure et persévérance, maintiennent la vigueur aux organes. Qu'une trop grande abondance de vitalité accoure sur un point, la souffrance aussitôt s'y fait sentir.

Fragiles et mortels, les organes du corps ne supportent qu'à faible dose la condensation de la vie; s'ils pouvaient contenir la plénitude de la douleur, ils parviendraient à la perpétuité. Mais, au sein de l'âme immortelle, la douleur opère en toute sûreté. On la voit toujours revenir vers les mêmes endroits du cœur. Il n'est rien de tel que d'être intéressé au fond, pour perdre plusieurs fois sa fortune; ambitieux, pour rester sans cesse humilié; trop sensible, pour perdre l'objet de ses affections.

De là, suivant les parties que la douleur affecte en nous, elle indique nos côtés les plus faibles. Toutefois, dès qu'elle entre dans l'âme, elle pénètre partout.

Et où la douleur a passé, soyez sûr qu'elle a étonnamment accru la vie. Voyez, lorsque l'homme vient d'être travaillé par l'affliction, avec quelle aisance il respire le moindre contentement; comme son cœur s'ouvrirait alors à toutes les délices de la vie immortelle !

La douleur sanctifie. Et elle sanctifie à un point qu'il n'est pas donné à celui qui la souffre de le savoir, si ce n'est peut-être par le sentiment qu'il en garde au fond de sa conscience. Remarquez combien les personnes qui ont souffert ensemble s'estiment après ! Le fait est surtout visible chez les époux, qui peuvent mieux s'apercevoir du perfectionnement qui s'est fait en leur cœur.

La douleur seule entre assez avant dans l'âme pour l'agrandir. Elle y réveille des sentiments que l'on ne soupçonnait point encore : elle va toucher jusqu'aux sources de la sainteté ! Dans ses élans, elle donne essor à des émotions que les plus grands artistes peuvent à peine entrevoir. Il y a dans l'âme des places très-élevées où dort la vitalité, et que la douleur seule peut atteindre : l'homme a des endroits de son cœur qui ne sont pas, et où la douleur entre pour qu'ils soient !

Ne redoutons pas les ravages de la douleur. Quelquefois elle vide entièrement l'âme, mais lorsqu'elle a passé, Dieu s'y précipite pour la remplir. Les joies du Ciel descendraient-elles avec leur suavité dans toute l'âme humaine, si l'amertume de la douleur n'y avait partout éveillé une faim sacrée ? La joie se fait sa place quand le cœur s'agrandit ; c'est dans le vase de la douleur que se répandra la Félicité.

Cependant, si l'on ne savait pas à cette heure que dans la Chute est l'origine de la douleur, que dirait-on à ceux qui en sont atteints ? Que dirait-on surtout à ceux qui voient tomber autour d'eux des personnes chéries? Sans la Chute, la douleur resterait un mystère foudroyant pour la pensée. Mais la douleur n'est plus la douleur, elle est la résurrection et la gloire!

Cette vie est courte, très-courte; plus courts encore sont les événements qui la remplissent : on ne le sent réellement qu'au terme. Alors on ne regrette plus les palmes qu'on a cueillies dans le buisson ardent : un rayon d'amour luit, et nous ressentons un regret mortel de n'avoir pas à donner à Dieu une seconde vie mille fois plus remplie de douleurs! Les élus céderaient à tout moment le bonheur du Ciel pour souffrir encore un seul instant pour Dieu... Souffrir, tout souffrir jusqu'à la fin des siècles, s'écrie sainte Thérèse, pour voir et pour aimer Dieu de plus près. Les âmes vont d'elles-mêmes dans le Purgatoire!

Dieu envoie la douleur aux âmes pécheresses, aux âmes tièdes et aux âmes parfaites. Aux âmes pécheresses, pour les ramener de ce monde à Lui ; aux âmes tièdes, pour achever de se les attacher ; et aux âmes parfaites, pour leur obtenir plus de perfection et les conduire plus avant dans son Cœur. Ne trouvant auprès des premières ni humilité, ni force de volonté, ni innocence dans les désirs, ni dès lors aucun moyen de les faire profiter de sa miséricorde, il veut du moins, par la souffrance, leur procurer cette dernière ressemblance avec son divin Fils ; et cette ressemblance seule devient un prétexte à sa miséricorde. Voyant que les secondes, toujours ballottées, languissent entre le bien et le mal, Dieu jette dans leur âme le lest de la douleur. Quant à celles qui déjà le servent dans la ferveur de leur amour, il leur envoie la douleur pour ennoblir de plus en plus leur effort, en les faisant expier et mériter pour celles qui ne méritent pas. Comment soupçonner dès ce monde les générations qu'elles enfantent à la Gloire ? Mais, au seuil de l'Eternité, de telles âmes verront ces générations accourir à leur rencontre et se presser au-devant d'elles. Elles se demanderont alors comment des peines passagères ont engendré tant de bonheur ! Aussi voyons-nous ici-bas ces grands amis de Dieu parcourir l'échelle entière de la douleur.

Nous ne parlons que des flammes de la douleur; mais plusieurs en ont connu les ravissements, et leurs âmes se sont rafraîchies à longs traits à la source des larmes. Qui n'a éprouvé, lorsqu'elles coulent sur le cœur, un sentiment si vif et si délicat de ce que le Ciel veut de nous, que nous sommes prêts à nous donner comme des hosties purifiées? On ne pleure que lorsqu'on a trop de choses dans le cœur.

La douleur avance pas à pas, et l'homme sent en lui un noyau immortel qui ne peut être atteint, qui s'enflamme, qui brille, qui se réjouit à mesure que l'épreuve pénètre en nous. Et ce point où la douleur s'ouvre sur la joie! vous savez d'où vient l'âme : quand l'émotion descend tout à fait au fond, ne soyez plus surpris si l'on trouve le Ciel. Oh! les larmes ne viennent pas de l'homme, je vous le jure! elles ont plongé dans l'ivresse tout un côté de mon cœur...

Un tendre ami me répondit un jour : « Remarquez, lorsqu'on a traversé de grandes douleurs, que pour tout au monde on ne voudrait pas ne les avoir point souffertes. » Quel beau mystère est dans cette pensée!

Comme les doigts de la douleur savent entrer dans le cœur et pétrir jusqu'au fond cette pâte sacrée! Mais Dieu pouvait-il le toucher autrement sans le faire expirer de joie? Attentive ménagère de mon âme, comme tu as su récolter tous les fruits de ma vie! Que je sais bien comment tu t'y es prise avec moi : l'inspiration venait, tu l'arrêtais; l'espoir naissait, tu me l'ôtais; mes transports, tu les étouffais; un bien, tu me le reprenais ! Sainte douleur, si je te juge par les douceurs que tu m'as enlevées, tes flancs doivent contenir pour moi des délices inouïes; et dusses-tu traîner mon cœur sur les sables des déserts, je ne te quitterai pas ; il faudra bien que tu laisses briser un jour sur ma tête penchée l'urne remplie des joies que tu me ravissais !

— Mais, silence, ô mon âme! ou l'on prendrait ton cri pour celui de la plainte, quand tu voudrais mettre ta vie dans un seul cri, celui de la reconnaissance pour ce Dieu qui voulut t'appeler du néant, et te combler de dons capables de t'unir à Lui pour toujours...

2.

CHAPITRE IV

FRUITS DE LA DOULEUR POUR CETTE VIE
ET AU DELA.

Nous comprenons déjà le sens de la vie. Dieu nous envoie sur la terre pour produire de nous-mêmes ce qu'il ne peut produire pour nous : la volonté dans la faiblesse, le renoncement dans le besoin; enfin, l'amour, dans une personnalité qui avait à tout instant le pouvoir de se refermer dans l'égoïsme, et la force, dans un cœur qui rencontrait à tout instant l'occasion de se dissoudre dans le mal. Aussi, sur la terre, dans ce lieu du combat, le malheur restera souvent victorieux pour que le mérite le soit, et la douleur surnagera toujours pour que le cœur puisse à toute heure se sauver.

Si l'on écoutait les hommes, il faudrait renoncer à la douleur. Mais qu'on y songe : si l'âme, laissant retomber sa liberté, venait à perdre le temps, quels regrets dans l'Infini ! L'homme, ici-bas, ne peut pas être consulté. Dieu, plus prévoyant, pourvoit continuellement à la peine, afin que l'âme un jour, montant sur le seuil de la Gloire, n'ait point de reproches à faire !

La douleur nourrit l'âme. Souvent elle lui assure un pain plus fortifiant dans la vie que le pain de l'amour. Mais il ne faudrait point croire que la vie chrétienne soit une vie de privations continuelles ; c'est la privation seulement des biens temporels. Or, si elle est privation pour les organes physiques, elle est satisfaction pour les besoins spirituels. La vie du chrétien est le bien-être de l'âme, comme la vie de l'égoïste est le bien-être du corps. C'est à l'homme de choisir.

Les riches du monde sont pauvres précisément par où les saints sont riches. La question est de savoir quelle est la valeur des richesses du saint et celle des richesses du riche; car les richesses n'ont de valeur que pour satisfaire nos besoins. Quels sont ceux de l'homme? a-t-il besoin d'immortalité? a-t-il besoin de ce qui est passager?

Qui saurait compter les richesses de la douleur? Les hommes qui ont vécu à l'abri de la douleur ont ordinairement peu de valeur parmi leurs semblables. La vie n'est parvenue à défricher en eux que la surface de l'âme; leurs sentiments et leurs affections n'ont pu prendre assez de profondeur. Ils montrent encore cette sorte d'affabilité banale qui s'efface au moment où elle naît; ils ne connaissent point cette large sympathie qui apaise la douleur dans ceux qui en sont surchargés. C'est ce qui fait dire que le bonheur rend égoïste et que le malheur apprend à compatir. Celui qui n'a point souffert ne sait pas où prendre son âme.

La douleur s'occupe de rétablir l'égalité des consciences et des conditions devant Dieu. L'artisan, qui se fatigue du matin au soir, conserve ordinairement des membres sains et un esprit paisible; la douleur visite rarement sa pensée ou son corps. Le riche qui se condamne à l'oisiveté, sent à tout instant sa santé dérangée et son esprit inquiet; la douleur, suppléant au travail, poursuit sa pensée et sa chair. C'est ce qui fait dire que les pauvres sont heureux et que les riches ont besoin de l'être.

La douleur met dans l'âme cette intensité si rare qui s'applique ensuite à toutes nos facultés, et qui fait les hommes supérieurs dans les sentiments comme dans les entreprises. Les hommes n'ont ordi-

nairement de valeur que de deux manières :
ou ils ont beaucoup reçu de la vertu des
ancêtres, ou beaucoup acquis par la douleur.
L'intelligence et les grandes vertus se réveillent rarement d'elles-mêmes.

Celui qui a lu attentivement l'histoire
des grands hommes, peut dire qu'ils n'ont
su parfaitement qu'une chose, la douleur.
Leur âme, plus profonde, contenait-elle
donc la vie à plus haute dose? Byron fait
dire au Dante : « C'est le sort des esprits de
mon ordre d'être torturés pendant leur vie,
d'user leur cœur, et de mourir seuls. » Et
Dante fit lui-même cette belle remarque :
« Plus une chose est parfaite, plus elle sent
le bien et aussi la douleur. » La douleur,
conduisant l'homme plus avant dans l'être,
le mène aux grandes choses [1].

---

[1] Les grands esprits, dans l'antiquité, ont laissé un mot de prédilection sur la douleur : — « Il n'y a pas moins de grandeur à souffrir de grands maux, remarquait Tite-Live, qu'à faire de grandes choses. » — « C'est un grand

Qui n'a senti son être accru après la douleur? L'homme ne sait pas la valeur du secret qu'il porte ici-bas. La prière n'a un si grand empire sur Dieu que parce qu'elle est faite dans la douleur de cette vie. L'âme heureuse n'offrirait que ses louanges ; mais offrir de son être, offrir, lorsque le malheur semble tout nous ravir, c'est le fait de ce qu'il y a de plus divin, c'est le trait même de l'Infini! Etre sublime, que celui à qui il ne reste que le désir et qui le porte vers les Cieux !

Dans l'homme, l'ardeur du saint désir n'est pas encore éteinte qu'elle est déjà vivante au Ciel. La prière de la douleur s'embrase dans le sein de Dieu, comme si la flamme sortait de

malheur, observait Cicéron, de n'avoir pas éprouvé de peines. » — « La fournaise rend ferme le vase du potier, dit l'Écriture, et la douleur l'âme du juste. » — « Le bonheur, dit le Livre de la Sagesse, fait des monstres, et l'adversité fait des hommes. » Rentre en toi, nous dit la morale. Qui sait mieux que la douleur nous frayer ce précieux chemin en nous-mêmes !

sa propre substance. La prière, comme une flèche, part de la liberté, mais la douleur la fait pénétrer en Dieu comme si elle y joignait une portée surnaturelle. Bien que l'ange prie pour nous, l'Ecriture semble plus étonnée des effets de la prière de l'homme que de la prière de l'ange. Celle des saints obtient des miracles [1] !

Ah! les saints, puis au-dessous d'eux, les hommes de génie, les poëtes, les artistes, peuvent être considérés comme les enfants gâtés de la douleur. Ils éprouvent, il est vrai, de si précieuses choses dans le cœur; dès ce monde ils prennent part à de telles joies, qu'ils n'appartiendraient plus à l'humanité, si la douleur ne leur réservait ses beaux fruits. La couronne de laurier est un signe de douleur. Dans ce monde

---

[1] Il est vrai, l'ange est dans la Gloire, inondé d'existence et de joie ; là, son état est l'état même de la prière, avec l'effet, avec le but de la prière.

La prière, ou l'humilité, n'est ici-bas qu'un élan vers l'état où l'âme sera dans la Gloire.

affligé, comme tout ne saurait naître de l'amour, c'est la douleur qui a réussi à préparer le plus grand nombre de saints, de héros, d'hommes de génie, et d'excellentes familles.

La douleur produit des saints, parce qu'elle ramène du monde beaucoup d'âmes que les circonstances de fortune, de naissance ou d'affection y auraient sans doute trop attachées. Quelquefois même, lorsque l'épée est entrée jusqu'à la garde, l'homme rencontre l'exquise joie qui existe au fond de l'extrême douleur, et, sentant que c'est la main de Dieu qui vient de frapper, il se retourne pour la baiser.

La douleur produit des héros, parce qu'elle ramène de ses mystérieux champs de bataille des âmes fermes et généreuses. Personne n'est entré plus avant dans l'amour que celui qui a vu plusieurs fois la mort, en ces heures solennelles où le moi apporte son abdication. Par une action intérieure, la douleur produit le même effet dans notre âme. Elle tient ainsi secrètement une école d'héroïsme. Il n'y a rien de bon au monde comme les saints et les vieux soldats [1] !

La douleur produit des hommes de génie

[1] Le soldat suit la ligne d'éducation du saint. La guerre entreprend et la sainteté accomplit l'école du sacrifice. Toutes deux firent naître en l'homme la soif sacrée de la mort. Le christianisme fit jaillir des légions de martyrs du sein des familles patriciennes et guerrières de Rome.

« Un phénomène remarquable, observe J. de Maistre, c'est que le métier de la guerre ne tend jamais à dégrader ni à rendre féroce celui qui l'exerce ; il tend à le perfectionner. L'homme le plus honnête est ordinairement un militaire honnête. Dans le commerce de la vie, les militaires sont plus aimables, plus faciles et plus obligeants que les autres hommes. Au milieu du sang qu'il fait couler, le guerrier est humain, comme l'épouse est chaste dans les transports de l'amour. Le soldat est si noble qu'il ennoblit ce qu'il y a de plus ignoble, en exerçant sans s'avilir les fonctions de l'exécuteur. »

Chez les nations, la grande noblesse est née des armes. Mais si le guerrier lègue sa noblesse à la terre, le saint porte la sienne dans le Ciel. Cependant il laisse parmi nous une telle lignée que les chrétiens se disputent son nom.

et des poëtes, parce qu'elle fait descendre l'homme dans son âme plus avant qu'il n'y serait jamais allé de lui-même. Il faut prendre les choses à une certaine profondeur si on veut les tenir de leur source. C'est toujours la grandeur du sentiment qui suscite le génie, ou qui réveille le poëte. Rien ne met en nous de la solidité comme la douleur.

La douleur forme des familles remarquables, et toutes ces personnes révérées qui deviennent le trésor de ceux qui les entourent. Il semble que la douleur soit la source de toute profondeur dans le caractère et dans l'esprit. Elle fait atteindre aux sentiments une réalité à laquelle, ici-bas, l'amour seul ne serait pas arrivé. Rien n'est tel que la douleur pour chasser la légèreté, éteindre l'indifférence, donner son prix à la sagesse et à tout ce qui vient du cœur. Ne confiez que peu de choses aux personnes qui n'ont pas souffert.

Enfin, vous savez qu'ici-bas le plus tendre de vos amis est toujours celui qui a le plus souffert, ou qui a aimé avec le plus d'abnégation. La mesure de l'amour fait la mesure de la douleur, mais la mesure de la douleur donne toujours celle de l'amour. Ces hommes dont le caractère est à la fois si ferme et l'esprit si doux, ces hommes sur lesquels se repose le cœur et que chacun désire consulter, ne se rencontrent que parmi ceux qui ont traversé les grandes difficultés de la vie, qui ont été plus ou moins à l'école de la douleur. Vous qui avez souffert, vous ne savez pas combien vous êtes devenus précieux; vous ne savez pas quelle lumière sort de vos yeux et quel miel coule de vos lèvres !

Et vous qui souffrez, puissiez-vous trouver ici l'argument de vos consolations ! Songez que la douleur est l'instrument divin qui prépare votre âme à la vie infinie. La douleur assurera vos droits à l'immortalité.

Soyez pleins de confiance en la douleur. Ou elle travaille à fortifier en vous une volonté dont vous aviez besoin pour accroître votre personnalité devant Dieu, ou elle s'applique à agrandir en vous un cœur qui contiendra au Ciel une plus grande quantité d'amour.

Vous qui souffrez, n'ayez aucun regret; si votre conscience est sans reproche, vous travaillez pour ceux de vos pères ou de vos frères dont la patience n'aurait point su expier comme la vôtre. Vous voulez bien aussi savoir ce qu'est la reconnaissance dans les Cieux!

Réjouissez-vous donc, car peut-être, beaux comme des saints, vous portez, fixé sur vos épaules par le nœud de la réversibilité, un manteau de douleur renfermant l'avenir de beaucoup d'âmes que vous ne connaissez pas encore, mais que vous reconnaîtrez en Dieu!

Croyez que par la liberté humaine il

s'opère une grande chose dans le temps, puisque tout une Eternité est en partie fondée sur un si faible point. Vous qui souffrez, consolez-vous, consolez-vous! pourriez-vous oublier ces mots : « Bienheureux *ceux qui pleurent?* »

La liberté humaine dans le temps ! Remontons à la première question ; sortons de l'enceinte de l'âme pour entrer dans celle de l'être.

CHAPITRE V

MÉTAPHYSIQUE DE LA DOULEUR.

Tout être se meut par la force même de Dieu. Cette force donnerait à notre être une direction en quelque sorte infinie; mais la liberté, qui spécialise l'être en nous, décide de cette direction.

Par cette force, l'homme tend à devenir semblable à la source éternelle d'où il est sorti.

S'il tend à le devenir en se subordonnant à cette source éternelle, il y a amour. C'est là le grand bien de l'être. S'il tend à le devenir en voulant se subordonner cette source éternelle, il y a orgueil. C'est là le grand mal de l'être.

L'amour est la vie de la substance éternelle; l'orgueil en eût été la dissolution. L'orgueil est précisément le contraire de l'Infini. C'est le mouvement opposé à celui de l'Absolu : l'orgueil rentre en soi au lieu de se répandre.

Rester en soi, telle est la grande sottise du créé! c'est, pour lui, retourner au néant. Au commencement, si, par impossible, l'orgueil se fût allumé dans la substance à la place de l'amour, la substance n'aurait pu garder son unité et son identité ineffables... l'Infini n'eût pas existé.

Chez la créature, l'orgueil consiste dans ce fait, de ne plus considérer Dieu comme le soutien vivant de l'âme. Or, par suite de la liberté, Dieu ne peut continuer de pénétrer dans l'âme pour l'entretenir contre son consentement. C'est en cela que l'homme a le moyen de stériliser son être.

Dès lors, toute la vie a dû être organisée pour prévenir l'orgueil et former l'homme à la vie absolue. Si, dans cette œuvre, la volonté faiblit, il faudra un obstacle de plus pour fortifier et rétablir la volonté. Si le cœur s'est enflé, il faudra une humiliation de plus pour contrister et abaisser le cœur.

Cet obstacle de plus offert à la volonté, c'est le travail. Cette humiliation de plus offerte au cœur, c'est la douleur. Puis, vient la suprême peine et la suprême humiliation, la mort, après laquelle l'âme se présente à la grande vie...

Dans le mouvement primitif de l'être vers l'être, l'homme reçoit un amour suffisant pour se porter vers l'Infini ; il ne le reçoit pas pour revenir en lui-même.

Le mal dérive de l'impatience où est l'être créé de se procurer le bonheur sans passer par le sacrifice. Cette impatience prouve la force de son désir et la faiblesse de son être. Mais le temps lui a été précisément donné pour que son être, à l'aide de la Grâce, prenne la force de son désir, pour que son moi s'élève à la vie de l'amour, qui l'attend dans l'Infini.

Pour s'unir au mouvement éternel, il faut que le moi ait la puissance de sortir de lui-même. Il faut ici que le créé offre son être pour le retremper à sa source. Dans cet acte répété, il prend l'énergie même avec laquelle il se serait créé, s'il avait été créateur !

Car l'être doit s'élancer dans la lumière selon le mode infini. Le sacrifice, ou l'acte par lequel l'être offre son être, fait croître sa substance et transforme son moi. Ici, nous arrivons au cœur de la métaphysique.

En donnant son être par le sacrifice, l'homme est obligé de sortir de lui-même ; ce mouvement hors de lui, qui se modèle sur l'Infini, n'a pu venir que de l'amour.

Le sacrifice est l'acte opposé à l'orgueil.

L'amour est un élan vers l'Infini, et non un retour en soi. C'est dans son éternel don que l'Essence adorable prend part à l'Infini. Si, d'après notre manière de comprendre, chacune des perfections divines ne se donnait aux autres avec un amour inouï pour maintenir leur identité éternelle, Dieu lui-même ne serait plus...

Le sacrifice ! c'est l'acte véritable, et dès lors la vitalité du créé. Le néant, c'est ce qui n'a jamais senti l'acte. Le néant commence où finit l'amour.

Par l'acte du sacrifice, l'homme développe à la fois, d'une manière suprême, et sa causalité, constituant sa personne, et son amour, le constituant pour l'Infini.

Interrogez l'humanité, qui a su admirer le sacrifice comme la plus sublime des choses. Voyez à qui elle donne le nom de héros, le nom de grand, le nom de saint !

Humanité ! humanité ! pourquoi admires-tu les hommes qui savent mourir? Où y aurait-il donc tant de gloire à se démettre de la vie? Rien n'existe d'abord que la vie, le Ciel lui-même s'en déduit. Pourquoi une sainte amnistie s'élève-t-elle des champs de bataille? Pourquoi Dieu a-t-il permis la guerre aussi longtemps parmi les hommes? Pourquoi à cet être qui vit, est-il toujours noble, toujours saint, oui, toujours glorieux et divin de mourir[1]? — Pourquoi? Parce que dans la guerre l'homme

[1] « N'y a-t-il pas quelque chose d'inexplicable, dit l'auteur du *Pape*, dans le prix extraordinaire que les hommes ont toujours attaché à la gloire militaire? Pourquoi ce qu'il y a de plus honorable au jugement du genre humain est-il le droit de répandre innocemment le sang innocent? Il faut que les fonctions de la guerre tiennent à une grande loi du monde spirituel! Ce ne peut pas être sans une haute raison que toutes les nations de l'univers se sont accordées à voir dans ce fléau quelque chose de plus particulièrement divin que dans les autres. »

La guerre est divine parce que, ouvrant carrière au sacrifice, elle forme pour Dieu une foule d'âmes parfaites dans le peuple. « Il ne faut point s'en prendre à Hélène de la guerre de Troie, dit Euripide, faisant parler Apollon

se sacrifie. Et là se trouve le moyen de faire comme un peuple de demi-martyrs de ceux qui, par eux-mêmes, ne courraient point au sacrifice.

Mais il ne suffit pas de mourir une fois, il faut que notre liberté répète cet acte sur tous les points de sa durée : il faut souffrir, c'est-à-dire se donner ! Ici, la liberté prendrait-elle sa racine aussi avant que l'Infini ?

La causalité est comme le germe de l'être. Ses efforts sont des actes constitutifs d'existence ; ils produisent, quoique enveloppés dans le temps, des actes de réalité dont l'homme s'étonnera dans l'Infini. Or, le plus grand effort de la causalité est l'acte par lequel elle se met en jeu elle-même : le don, l'héroïsme, la mort !

La vertu, que produit peu à peu le travail,

---

dans la tragédie d'*Oreste;* la beauté de cette femme ne fut que le moyen dont les dieux se servirent pour faire couler le sang qui devait purifier la terre, alors souillé par le débordement de tous les crimes. »

n'est qu'une tendance à l'héroïsme. La vie, qui prend l'œuvre par le pied, n'est qu'une marche savante vers la mort. D'ici l'on se rend compte de l'existence.

SECONDE PARTIE

CHAPITRE VI

LA DOULEUR EXPLIQUE LE SENS DE LA VIE.

Etrange spectacle pour la pensée qui descend de l'Infini et songe à l'état immortel de l'être ! L'âme, déposée sur le bord de l'existence, déploie ses ailes dans l'espace de la douleur.. Le lien qui unissait la vie au bonheur est brisé.. Pour trouver le sens de la vie, suivons les pas de la douleur.

La volonté ne se crée que dans la lutte, et le cœur que dans l'affection. La première vient d'elle-même, parce qu'elle est pour rester elle-même. Le second se forme en autrui, parce qu'il est pour vivre éternellement en un Autre.

Libre et sans bornes, la volonté voudra d'abord se mouvoir sans contrainte et comme dans l'empire de l'esprit. Prenant conscience de soi-même, le cœur voudra d'abord s'y concentrer, pour aimer ce qu'il vient de saisir de l'être. Paresse et égoïsme, tel est l'homme en son germe.

Volonté, essence pure, comment inventer ici-bas un obstacle auquel on puisse te lier, et qui t'enferme dans la lutte? Et toi, flamme d'amour, comment trouver dans ces sphères un attrait qui puisse t'éveiller et qui te décide à aimer?

Là, le génie de la création! La volonté sera liée à son contraire, le corps; et le cœur, à ce qui lui est semblable, l'amour! L'inertie, appelée à former une enveloppe à notre âme, attachera sa lourde chaussure à l'ardente volonté, pendant que l'innocente matière prendra la forme des choses qu'ambitionne le cœur !

L'espace est placé devant l'une, le temps est placé devant l'autre. O merveille : l'acte et l'amour existeront !

Volonté, volonté, tu ne peux plus être sans lutter; et toi-même, pauvre cœur, tu ne peux vivre sans aimer ! Et l'homme ne fera pas un mouvement sur la terre qui ne soit pour lui un effort; il n'apercevra pas une chose visible qui ne fasse impression sur son cœur. Dès lors les sueurs couleront, vraies larmes de la volonté; dès lors se répandront les larmes, sueurs véritables du cœur.

La lutte ainsi fondée, la personnalité va naître.

D'abord, la volonté et le cœur restent enfouis sous le triple verrou des organes, bien que ces organes, encore faibles et délicats, soient en tout proportionnés aux débuts de notre âme. Mais la terre vierge de l'innocence, toute rapportée du Ciel, est comme la nature primitive de la vertu. Ainsi l'homme dans l'enfance.

Peu à peu l'âme secoue l'inertie, le poids de la paresse tombe, la volonté rencontre une obéissance plus aisée; déjà il lui en coûte moins d'agir. Peu à peu, également, l'homme sort de lui-même, l'attache du moi se délie, le cœur commence à vivre en autrui; déjà il lui en coûte moins d'aimer. Ainsi l'homme dans la jeunesse.

Il faut qu'il se continue; l'obstacle ancien ne suffit plus. Car celui dont le corps agile obéit, n'exerce qu'une volonté facile : l'acte n'est plus un effort; et celui dont le cœur jeune vit content, porte une affection naturelle : l'amour n'est plus un sacrifice. Ainsi l'homme vers l'âge mûr.

L'âme a grandi; elle va ceindre une plus grande armure. Pour augmenter la lutte de la volonté, il ne faudra qu'augmenter un peu le poids de l'entrave organique ; pour accroître l'exercice du cœur, il ne faudra que resserrer un peu le fil qui le rattache à lui-même. La vieillesse tient pour cet effet la grande vis micrométrique de l'existence.

Aussitôt donc que la volonté s'est rendue maîtresse du corps, la maladie, hâtant le pas de l'âge, vient doubler le poids du boulet. La volonté usait d'un corps agile : elle emploiera un corps souffrant ! Pour le mouvoir, un double effort partira d'elle. Et aussitôt que le cœur commence à s'échapper du moi, la souffrance, augmentant l'instinct de la conservation, double le lien qui le rattache à lui-même. L'homme portait un cœur léger : il le sent chargé d'amertume ! Pour aimer, il s'arrache deux fois à lui-même.

(Dans la plus humble position, il peut y avoir des héros !)

Et de la sorte se fait l'homme. Son corps de plus en plus l'accable ; l'amour d'autrui de plus en plus s'éloigne. Tous les jours la lutte grandit, comme la volonté ; tous les jours le sacrifice augmente, comme le cœur. A tous les pas, on voit le sentier plus abrupt, et le sommet que l'on gravit plus dépouillé.. Ainsi l'existence s'échelonne devant l'âme. Or, chaque fois, c'est la douleur qui fait sauter l'échelon. Tel est le secret de la vie...

Voyez ! tout est vraiment préparé pour que la volonté soit de plus en plus chargée, et que, de plus en plus, le cœur ait du mérite à aimer. Un bien est-il acquis ? il commence à se perdre, afin que nous avancions sans lui. Ceux que nous aimions tendrement s'éloignent le jour où nous devions voir leur bonheur ; la fortune lentement amassée se disperse au moment d'en jouir ; le tout pour nous préparer à mourir précisément le jour où nous avions compté prendre quelque repos dans la vie.

La vie ne s'arrête point.. Les biens se poursuivent, ils ne s'atteignent pas. Nous sommes sur un plan ascendant. L'effort augmente après l'effort, et l'effort remplira les siècles. Sisyphe, tu n'es pas le seul à rouler au sommet du mont le rocher qui redescend toujours. Antiquité, où as-tu pris ce symbole trop exact de l'existence humaine?

Il n'est ici question que des âmes qui s'élèvent dans l'échelle spirituelle. Car pour les âmes restées dans l'engourdissement des organes, l'épreuve du commencement suffit. Dieu est même souvent obligé de les assister de quelques autres prospérités de la vie, ainsi qu'on donne des encouragements à l'enfance. L'adversité n'est que la route des forts. Les saints seuls ont traversé à pied les brûlants sentiers de la vie.

Quand l'âme n'a pas grandi, agrandir l'épreuve deviendrait inutile ; à moins que, faisant un sujet de joie de sa chair, l'homme n'ait besoin que la souffrance vienne en reprendre une partie. De même, lorsque le cœur n'a point germé, le léger sol de l'enfance suffit ; à moins que, faisant de ce cœur un dépôt d'envie ou de haine, l'homme n'ait besoin que le tranchant de la douleur vienne l'ouvrir. Le méchant souffre sur son iniquité, le juste, à cause de sa gloire.

Qu'on ne s'y trompe plus : l'homme jamais ne jouira. Le souhait, l'unique souhait du cœur est celui qui ne s'accomplit pas ; toute chose se présente au moment où le désir finit. D'un bien acquis, l'homme s'élève aussitôt vers un autre, et c'est toujours dans le dernier qu'il espère prendre pied. Car l'espérance revient chaque fois lui aider à faire le pas. Il marche ainsi jusqu'à la fin dans les illusions de la vie.

L'homme ne peut s'arrêter : il n'a que le

temps de grandir. La vie disparaît quand les efforts sont terminés et que la douleur est finie. La lutte est faite le jour où l'homme est résigné; l'amour subsiste le jour où il a tout abdiqué! Car la résignation achève ontologiquement la volonté, et le renoncement est l'acte suprême du cœur.

Vous saurez dire si l'existence a su mûrir ces deux fruits!

Pourquoi deux anges nous reçurent-ils à la naissance, et pourquoi, ô quelle loi! ce père et cette mère doivent-ils nous être arrachés? La vie entière est dans ce fait. Tout nous sourit, nous encourage au premier pas; puis, tout se détourne et nous laisse seuls au dernier.. Combien il faut alors de force et d'amour dans une âme!

Ceux qui sont encore trompés par la vie, et qui la jugent sur son nom, ne doivent savoir que penser. Quoi! ce serait l'existence, cette loi de caducité qui est toute la loi de la vie? La décadence serait la marche de ce qui vit? la ruine, le mouvement de l'être? Nous pénétrons dans l'existence, et c'est la mort qui fait les pas? Au sein de l'immortelle création, c'est le néant qui s'avance?

Affreux chemin! nos parents meurent, nos enfants nous quittent, la jeunesse a fui, l'âge s'écoule, les infirmités se présentent, l'espoir est loin, le cœur a perdu ses encouragements. Enfin l'âme songe à partir, quand tout à coup l'idée s'éteint, le corps en s'écroulant l'écrase; la nuit se fait.. le vide est là. Tu vois le triomphe!! L'impuissance a submergé la volonté, l'abandon a enlevé tout secours étranger au cœur : c'est alors que l'âme est une force pure, qu'elle apporte un amour parfait. Les étais sont tombés, l'homme seul est resté debout!

Nous faisions, rien n'est fait; nous amassions, rien n'est cueilli; nous construisions, rien n'est debout; nous vivions, et rien n'a vécu! Ce qu'on a voulu, dissipé! ce qu'on a aimé, disparu! Eh! que reste-t-il donc de la vie? Celui qui a fait, cueilli, construit, vécu, voulu, aimé. La vie disparaît dès que l'homme est créé!

Un jour, les mondes se dissoudront, et il n'existera que les âmes. De l'être créé il ne restera que le mérite, étoile incandescente qui doit briller aux Cieux.

CHAPITRE VII

L'HOMME PLEURE EN VENANT AU MONDE,
PLUS TARD IL SAURA POURQUOI !

La vie est venue construire et épurer la personnalité. L'homme ne devait pas croître dans le sol trop hâtif des anges. La liberté naît de la lutte; or, la douleur n'est que l'intensité de la lutte et l'accroissement de l'obstacle. Ne vous le dissimulez plus, toute la vie est disposée pour la douleur.

Descendez dans le cœur, vous trouverez la place faite d'avance. Poursuivre sans cesse un bien, le seul qu'on ne puisse saisir, tel est l'âpre sentier qu'ici-bas tout désir gravit. Sentir au sein des richesses ce qui lui manque, tel est l'oreiller où chaque jour l'homme opulent s'éveille et s'endort.

Ce qu'on n'a pas, voilà justement ce dont on a besoin! le reste nous est donné pour émerveiller les sots. Le bien que souhaite constamment l'âme ne viendra pas. Toujours une place reste vide au fond du cœur; une larme toujours tombe dans le vase de l'existence.

Vous possédez un bien, tremblez! à moins que d'autre part vous ne fassiez de grands sacrifices. Mais c'est un bien! tremblez, vous dis-je, c'est pour cela qu'il vous sera repris. Les biens ne sont pas ici-bas pour que vous les possédiez, mais pour que vous les obteniez.

Cherchez la paix où elle doit être, dans l'amour, vous ne la trouverez pas. Cherchez la paix où elle ne saurait être, dans la douleur, vous l'y rencontrerez. Eh! qu'est-ce que l'amour, sinon une douleur? On ne vit pas sans elle dans l'amour. Le bonheur sème son propre chagrin; toute joie se brise elle-même.

L'espoir est pour s'évanouir, l'illusion pour disparaître, la jeunesse pour se flétrir. Aimes-tu? un cœur te sera refusé. Fus-tu aimé? ceux qui t'aimaient ne sont plus. Tout grand soupir reste ignoré, la vraie larme n'est jamais vue.. le cœur, le cœur est toujours seul.

Du cœur revenez au dehors, vous trouverez autour de l'homme une embuscade toute prête. Il marche suivi de quatre Ombres : la Détresse, le Souci, la Nécessité et l'Ennui. Comptez-les, elles forment les points cardinaux de la douleur. Celui qui mange boit la détresse; celui qui gagne prend le souci; celui qui tient saisit l'ennui; celui qui veut se heurte à la nécessité!

Et les quatre fantômes tracent leur ronde

autour de lui. L'homme s'échappera-t-il du cercle? c'est lui qui en porte le centre. Car selon que la vie lui arrive du matin ou du soir, du sud ou du septentrion, tous partent comme l'ombre que projette son corps!

Les peuples marchent aussi accompagnés de quatre sombres satellites : la Famine, la Peste, la Guerre, et la Sujétion. Car, depuis le jour fatal du péché, il n'est pas un des fils d'Adam qui ne porte la marque des fers.

Que la famine, que la peste soient vomies des entrailles de la terre ; mais que la mort sorte furieuse des propres entrailles de l'homme.. Oh! la guerre! Et tant de plaines ont été laissées fumantes de carnage, que les nuages seraient teints de sang s'ils n'étaient retrempés dans la mer.

Allez, hommes et peuples, roulez avec le globe emporté dans l'espace ; bondissez comme lui sur le chemin des mondes, parcourez les sentiers mystérieux des choses;

échappez au chaos où dorment les germes des êtres; traversez les plaines ardentes du travail, celles plus arides de la tristesse et des alarmes; frayez-vous un passage à travers les déserts de la désolation et les flammes de la douleur; bravez celles du désespoir, du deuil et de la mort! Ames sans nombre, franchissez toutes l'antique nuit par le vol du mérite, dépassez la région des ombres; ne comptez ni les sueurs ni les larmes, et gravissez jusqu'en haut les parois de l'abîme : êtres libres, remontez le néant !. Atteignez vous-mêmes le doux rivage de la lumière; pénétrez dans les champs de l'immortalité, c'est là qu'on vous attend...

Ne conservons aucun doute sur le travail qui s'accomplit dans le temps. La volonté se pose en s'opposant son obstacle; sa nature est de croître avec l'effort. Ceux qui ont traversé la vie vous le diront : à chaque pas, la source des joies diminue et le torrent de l'amertume se grossit ; un cœur toujours plus blessé pour porter un fardeau plus lourd !

Cultivez toute la vie une vertu, ce sera celle qu'on y verra sans récompense.. parce qu'elle n'en a plus besoin. L'homme transformera toutes les énergies de son corps en un seul organe, et cet organe sera blessé. Il transformera toutes les tendances de son esprit en une pensée, et cette pensée sera détruite ; tous les désirs de son cœur en un désir, ce désir lui sera ravi. Comme le peuple romain dans le vœu de Néron, notre âme n'aura qu'une tête pour que le sacrifice la puisse offrir. La mort vient sur le couronnement de la vie.

Pourquoi la jeunesse est-elle comme un ciel toujours présent autour de nous, et la vieillesse comme un néant qui commence ? Ah ! pourquoi tous les dons au commencement, lorsque nous ne méritons pas ; pourquoi l'abandon et les infirmités à la fin, lorsque nous sommes déjà soumis? Aux yeux de celui qui sait voir, comment pourrait être plus clairement posé le problème? L'homme entr'ouvre joyeux les portes de la vie; la jeunesse pourvoit à tout. L'imagination comble l'esprit, des ailes portent la volonté et le cœur. Peu à peu les encouragements s'éloignent. La poésie, l'espérance, la santé, l'une après l'autre se retirent. Bientôt l'homme marche seul; il ne soutient sa vie que par son propre amour.

Une à une se perdent les facultés; un à un se ferment les yeux de l'espérance, pour que les Cieux invisibles montrent tout à coup leurs étoiles. La Grâce achève ici son œuvre; à mesure que le monde s'éteint, le cœur de l'homme se réveille. La jeunesse, la joie, l'amitié, la grâce sensible, s'éloignent, n'est-il pas vrai, à mesure que s'attendrit ton cœur? être libre, réjouis-toi : Dieu ému voit sa tendre graine germer sur un sol aride et désert! Il suspend sa rosée.. elle germe encore! elle croît et verdit comme d'elle-même. Dieu est ravi en son amour de ce que l'homme se devra quelque chose de plus!

Ceux qui n'ont point compris ces choses sentiront leur cœur se troubler, et la logique se briser dans leurs mains. La plainte jaillit naturellement du cœur qui considère la vie au point de vue de cette vie. Mettez-vous à la place de l'homme qui prend cette existence pour une existence réelle! L'immortelle création pourra-t-elle trouver grâce devant lui?

Souffrir! Alors la vie, au lieu de s'enivrer du sentiment de l'existence, s'enfoncerait dans la douleur? Qu'est-ce donc que la substance, si elle ne s'aperçoit d'elle-même que par le sentiment de ses maux? Si la douleur résultait de l'être, ou si elle avait échappé à la création, il faudrait nier l'Infini. Si la douleur est un mal, la vie est un mal, la substance un effrayant malheur.

Mais l'Infini justifie l'existence, et la légitimité de l'existence établit celle de la douleur.

De cette question dépend alors le problème de l'Infini. Si le mal est le mal, il descendrait de Dieu ; si la mort est une mort, elle entacherait la source des choses. Tout serait à contre-sens dans ce monde. Toi, être spirituel, pourquoi es-tu embarrassé d'un corps ? Être libre, pourquoi es-tu contraint d'obéir ? Être immortel, dis-le, pourquoi es-tu condamné à mourir ?

Jeunes, pour vieillir ? être, pour souffrir ? créés, pour mourir ? Mourir ! ce mot n'a point de sens. Finir ! parole stupide, s'écria Gœthe un jour : pourquoi finir ? fini et rien c'est la même chose. Que signifie la glorieuse création, si ce qui est doit finir ?.

C'est que ce qui est doit finir pour commencer son immortalité. La volonté ira pliée sous un corps dont chaque jour le poids augmente; le cœur se verra lié à des êtres qu'à toute heure la mort lui reprend; l'âme sera plongée dans une vie dont chaque flot est plus amer, marchant ainsi régulièrement jusqu'à la vertu qui contient à la fois l'excellence de la volonté et la beauté du cœur. Le Globe même est de tous points conformé pour que l'homme arrive à la patience. Un jour on saura la quantité d'amour et de force que contient la patience. Le temps est un songe où l'homme s'agite jusqu'à ce qu'il y ait pris des forces pour l'Éternité.

Va! va! aux ardeurs du soleil, à l'âpreté du froid, dans les malaises du cœur et dans l'épuisement du corps : ce globe est là pour être pétri de tes mains et baigné de tes larmes! Laboure à la sueur de ton front, et la terre souvent refusera de produire. Tu viendras ramasser le seul épi qu'elle ait donné, et tu en fais à Dieu l'offrande. Tout à coup il te ravit tes nouveau-nés..

tu les lui tends d'un cœur doux et obéissant. Oh! tu sens bien alors que le Ciel est pour toi! L'homme a remonté les épreuves de l'être ; son cœur est entré dans l'amour qui ne se détruit plus. Il est patient et doux, il est prêt à être immortel!

Souffrir.. souffrir.. Il fallait à ce fait une explication aussi profonde que l'Infini.

CHAPITRE VIII

—

COMMENT LA DOULEUR A ÉTÉ RÉGLÉE DANS
UNE LOI.

LE TRAVAIL.

Souffrir, vieillir, mourir, combien dans ces trois mots l'Infini met de choses! La douleur a restitué ses racines à notre liberté, et fait de l'homme un être incommensurable. Mais voyez comme la vie est merveilleusement graduée; avec quel art elle prépare la formation du créé!

La douleur avait besoin d'être réglée et calibrée dans une loi, c'est le travail. Le travail en étend l'égale dose sur la surface de la vie. Car la douleur n'est point l'unité de mesure, mais l'intensité de la loi s'accumulant sur le point faible où elle est appelée. Puis il fallait que le travail lui-même fût fixé à l'homme par un besoin, et c'est la faim.

L'homme naît mou et superbe; il est si nouveau dans la substance! Mais ici, à peine sorti du néant, il faut qu'il désire l'être; à peine en possession de l'être, il faut que l'orgueil ne le consume pas! Relatif, il se croit absolu; il faut donc que le premier sentiment de sa vie soit un besoin, que son premier pas soit un acte de dépendance en même temps qu'un effort. De là, la faim, obligeant l'homme à se soumettre pour conserver son existence.

La faim devient la mère du travail. La faim! avons-nous bien observé cette admirable invention pour un être créé? La pensée de l'Infini est toute là. Pour celui qui n'eût pas encore ressenti la faim de l'âme, inventer celle du corps, lui en faire la nécessité de chaque jour, l'aiguillon de tous les instants! Dès lors l'homme ne cessera d'éprouver le besoin de l'être, et ne pourra le satisfaire qu'en employant sans paix ni trêve ses organes et sa volonté.

Comme l'Infini sait bien s'y prendre! Arrêtons-nous devant cet homme frappant de la pioche ou du marteau depuis le matin jusqu'au soir (pensons que Dieu le voit), puis admirons ce qui se passe! Pas une seconde sans un mouvement, pas de mouvement qui ne soit un acte, et pas d'acte qui ne soit un effort.. nous avons compris l'homme. Il faut le tirer du néant! le travail est le cric qui soulève peu à peu notre volonté.

La liberté, ce pouvoir d'être cause, cette faculté du mérite, veut que l'homme se refasse lui-même. Il faut que l'âme se reprenne en sous-œuvre à partir du commencement. Oui, à cause même de sa faiblesse, l'homme doit s'édifier peu à peu, cran à cran, et pour ainsi dire seconde à seconde par la vertu d'un effort sans répit. Le travail n'est que l'acte continu. Si l'homme veut être, qu'il soit par ses propres forces !

Puisque l'homme est à faire, qu'il travaille! puisqu'il est le fils de ses œuvres, qu'il travaille ! A-t-il fait bien, a-t-il fait mal, qu'il travaille ! Ici, pour l'ordre de la nature, le travail obvie à tout. Il distille la volonté, élargit la source du cœur, approfondit la conscience. Le travail construit l'homme sur tous les points de son âme. Il est l'œuvre ontologique par excellence. Il prépare tout : combien n'a-t-il pas aidé à sauver les âmes enfermées dans la Gentilité?.

Aussi est-il la grande loi. Fais tes efforts ! dit-on à l'enfant qu'on *élève*. C'est aussi le mot de la grâce. La plus profonde métaphysique, la vie même ne parlent pas autrement. L'inexprimable satisfaction que l'homme éprouve après le travail n'est qu'une indication de la nature.

Mais le travail ne retient pas seulement l'âme dans la position du relatif vis-à-vis de l'Absolu; il fait encore que l'homme sort de lui-même, il fait encore qu'il se donne! Tout effort a une portée plus haute encore que la volonté. Pour gagner sa vie, l'homme est obligé de donner de sa vie. La sueur et la force coulent de ses membres en même temps. Et le soldat, mettant le plus gros enjeu, fut toujours réputé l'ouvrier le plus glorieux.

En s'exposant à la mort, le héros prouve qu'il tient plus à l'honneur qu'à la vie. Quoi! il est prêt à céder le don splendide de l'Infini. Mais si le héros a la force de donner une fois sa vie, le saint a la vaillance de l'offrir tous les jours. Néanmoins, il faut que la coupe se vide, goutte à goutte ou d'un seul trait. Mais on doit croire que la vie

5.

est donnée dans la mesure de l'épreuve, et que l'épreuve est calculée sur les forces de notre liberté. Une longue vie est une longue grâce, car la vie est d'un prix dont il faut chercher la proportion dans l'Infini.

En comparant l'état de l'homme à sa naissance, avec l'état où il est parvenu lorsqu'il approche de la mort, on comprendra toute la vertu du travail sur un être libre. Que la grâce regarde ici avec envie l'œuvre de son protégé! C'est une chose divinement remarquable que le développement de volonté, de cœur et de conscience qu'on retrouve chez l'homme dont la vie a été remplie par le travail.

Cette Grâce, issue de Dieu, comment y préparer tant d'âmes qui la refusent? C'est l'œuvre du travail, à son tour issu de l'être libre. Loin du travail et de l'activité, la grâce trouve difficilement une tige prête à grandir. Elle vient féconder le champ que laboure le travail. De plus, comme l'homme est orgueil, la grâce s'entend avec la douleur pour effacer l'égoïsme à mesure que le moi se fortifie par l'effort. Mais c'est le travail qui opère dans les masses le relèvement des âmes, et qui l'opère sans transports, sans enthousiasme ce dont tant d'êtres seraient presque toujours incapables. Le travail est le levier universel du genre humain.

Un fils d'Adam vient en ce monde. Il faut que son cœur s'arrache à lui-même et prenne sa route vers Dieu. Pour cela, il faut que sa volonté sorte aussi d'elle-même à l'aide de l'effort; pour cela, il faut qu'il travaille ; et pour cela, il faut qu'il ait faim. La plante croît sans avoir faim, et sans travail la bête mange.

Pour l'homme, le travail n'est pas uniquement une punition qui le purifie devant Dieu et un traitement qui redresse sa volonté courbée dans sa chute, de manière à rendre au cœur son premier mouvement hors de lui-même. Le travail est encore pour l'homme une gloire, puisque c'est l'homme qui, par un effort personnel, a l'honneur ici de concourir au rétablissement de sa nature, de ramener la vigueur en son âme aussi bien qu'en son corps, tout en se ménageant sur la terre une existence digne et indépendante. On peut saisir le sens de ces mots d'une sainte : La justice divine a châtié l'homme avec de la gloire.

Travail, fontaine renaissante de la volonté, travail, qui agrandis le passage du cœur et reconstruis l'homme écroulé, travail, toi qui fais en nous une liberté vivante, il faut que l'homme, pour conserver même ici-bas son existence, te fasse monter dans ses membres comme une sève, te sente jaillir de son cœur comme le sang, et te répande en bienfaits sur ceux qu'il aime et qu'il élève autour de lui !

CHAPITRE IX

PORTÉE ONTOLOGIQUE DU TRAVAIL.

Ce n'est pas une petite chose de tirer un être libre du néant : un être qui reçoit tout, mais qui ne profite qu'en raison de ce qu'il acquiert par lui-même, un être dont l'âme doit commencer comme un rien pour être un jour comme un tout devant le trône de Dieu! Derrière la liberté, rien n'existe. Il faut que Dieu la fasse, sans que cependant elle soit faite.. Jugeons de la difficulté d'introduire l'homme sur la terre!

Dans quelle assez grande enfance y viendra-t-il? Lorsque Dieu créa l'ange, il lui remit presque toute sa nature, c'est-à-dire presque toute sa perfection ; et cet être se leva ravi dans le ciel. A l'être libre par excellence, Dieu ne peut remettre toute la sienne sans l'exposer. La liberté, d'ailleurs, il ne peut toute la donner : il faut que l'homme la prenne! Il la prend par le travail.

C'est le travail qui produit la nouvelle et glorieuse Création des êtres libres! Sans le travail, nous reviendrions à cette première création d'Anges, dont Dieu a trop bien préparé le mérite.. et qu'il n'a point rachetés! Le travail est une source ontogénique de liberté. C'est par l'effort qui vient de lui-même que peu à peu l'homme se forme lui-même, et qu'il apprend vraiment ce que valent les dons de Dieu.

Le travail n'est que l'exercice constant de ce qui chez nous est une cause, de ce qui en nous s'accroît par un effort. Eh! ne fallait-il pas que le mobile de la cause sortît aussi de notre propre sein? Comment, alors, éveiller la première pulsation dans l'âme ? C'est la merveille de la faim. La faim fait sortir l'homme du néant. Toutes ces faibles créatures, à peine ouvertes à l'existence, ont si peu de sensibilité, qu'il a fallu, hélas ! les livrer à cette vive flamme pour les tenir en éveil au milieu de l'être.

La faim suffit à peine pour tirer le sauvage de son inertie. Incapable de se procurer la vie morale et même la vie animale au prix de l'effort, le sauvage, s'il n'était aiguillonné par la faim, cesserait aussitôt d'exister. On croit que l'homme naît libre ! il naît pour le devenir. L'homme ne serait point libre s'il recevait toute la liberté. C'est la faculté du mérite : si elle était toute donnée, où serait le mérite ? Aussi, ne reçoit-il que le libre arbitre, le pouvoir d'arriver de soi-même à la liberté. Historiquement, quelles libertés l'homme a-t-il trouvées toutes faites dans la société ? N'est-ce pas à ses progrès sur lui-même qu'il doit tous ceux de la civilisation ? « L'homme est né libre, a dit Rousseau, et partout il est dans les fers. » Depuis six mille ans, au contraire, l'homme naît dans les fers, afin de pouvoir partout devenir libre ! Or tout commence par la faim.

Que de précautions demandait l'être appelé à devenir libre ! D'une part, ôtez la faim, plus de travail : sommeil de la substance naissante. D'autre part, faites naître l'homme éclairé, il ne doit rien à ses efforts : ses débuts ne sont plus de lui. On ne sait pas avec quelle justesse l'Infini a pris ses mesures.

Si, sur la terre, Dieu venait à détendre le niveau constant de cette douleur moyenne qu'on nomme le travail, il y aurait un affaissement effroyable de la nature humaine. Rendez tout à coup quelque facilité à l'homme brut, un orgueil démesuré éclate ; la stupidité fait sortir de son sein tout ce qui s'y trouve d'insensé, de ridicule et de cruel. Prenons seulement le peuple au soir d'un jour de fête : supposons que le lendemain ne soit pas tout près!

Il est des âmes que le travail ne peut quitter un instant; sinon elles retomberaient au fond de l'état du sauvage. En examinant de près la vie, on reconnaît combien d'hommes ne doivent leur éducation qu'à la nécessité. Beaucoup d'enfants qu'une tendre sollicitude des pères en a pour quelques jours affranchis, redeviennent incessamment les plus vils et les derniers des hommes. Il est vrai, alors, que leurs vices les reconduisent si bas, que la misère reprend bientôt leur éducation par le pied.

Qui n'a vu les hommes incultes rire et manger leur faible salaire aussitôt qu'ils le tenaient; puis perdre leur clientèle, rester sans ouvrage et pleurer? et qui ne les a vus recommencer sans cesse? Ne croyons pas que l'homme soit tout fait! Un peu de bien-être le perd, un travail assidu l'élève. Presque tous ont besoin d'être à tout instant rappelés par la forte question de la vie. Examinez-les bien : ce ne sont que des commencements d'hommes.

En général, il faut que les hommes arrivent par une route saturée de travail à une existence où puisse entrer quelque loisir. Encore en reste-t-il peu qui sachent soutenir cette position dangereuse. Le luxe fait vite crouler ce qu'ont édifié plusieurs générations dans une race d'âmes. Il faut plus de vertus pour conserver une fortune que pour la recueillir : la force qui l'a constituée suffit rarement pour la porter. Quand elle parvient à y suffire, elle est le commencement d'une bonne famille. Les familles sont des dynasties de vertus ; tout redescend dès que ce sceptre leur échappe.

Il faut que les rênes de l'effort tiennent constamment la tête haute à l'homme. Aussitôt qu'elles flottent, la volonté retombe et l'orgueil croît d'autant. Car l'orgueil prend tout de suite place dans l'âme.

Examinons avec attention les hommes ordinaires, ceux surtout qui nous sont soumis; nous verrons dans quel moment toutes leurs forces se cabrent, dans quel moment, au contraire, toutes leurs vertus se relèvent; et nous serons saisis d'un sentiment inconnu d'admiration pour l'incomparable justesse avec laquelle notre destinée est pondérée !

L'orgueil uni à l'inertie, cet état natif de nos âmes, oblige Dieu à les tenir sous les rigueurs du travail assidu. Le créé, laissé à lui-même sur le premier degré de l'être, y serait tout naturellement resté; déposé là avec la force, il s'y serait enflé d'orgueil jusqu'à éclater dans la ruine. Comprenons-le : il faut que l'être libre naisse enfant, et que peu à peu sa substance s'enferme toute dans sa volonté... Noble race d'Adam ! toute la vie est faite pour préparer ton mérite et ta liberté. Les êtres faibles seuls auraient voulu rejeter le glorieux fardeau.

Il est peut-être des hommes qui regrettent de ne pas être nés tout préparés pour le bonheur. Dieu conservait de nous une plus haute idée ! et de toute mon âme, de tout mon cœur, je veux lui en dire : MERCI !

La faim fait sortir l'homme de son germe ; le travail fait croître sa tige ; et la douleur, retirant tout sol rapporté, lui rend ses propres racines. Dans l'Infini seulement on verra ce que vaut la faim. Mais la faim ne maintient pas seulement l'âme dans la position naturelle du créé ; le travail n'habitue pas seulement le cœur à sortir peu à peu de lui-même, afin de se donner bientôt par amour, créant ainsi dans toute l'humanité une liberté vraie ; il sait encore, dispensant la douleur avec art, fonder pour les divers états des âmes les différentes situations de la vie.

CHAPITRE X

—

LE TRAVAIL APPLIQUE LA DOULEUR AUX DIFFÉRENTS ÉTATS DES AMES.

LES POSITIONS DE LA VIE.

Suivons encore la douleur, et nous découvrirons peu à peu les colonnes qui portent le monde moral.

Dieu, qui crée l'homme à son image, n'est pas un producteur d'apparences, mais bien le créateur de l'être. Lui, Dieu vivant, lui, Infini, il a fait l'être selon ce qu'il est lui-même. L'homme a reçu une vraie substance; il a son commencement, il a sa causalité. Mais comme il ne peut y avoir qu'un Infini, cette création se trouve nécessairement placée en dehors des données absolues. Les êtres libres sont semés dans le champ de l'existence relative et réparable. S'ils n'avaient pas été soustraits aux lois de l'Absolu, leur premier acte devenant irrévocable, ces êtres auraient d'un seul coup perdu le bénéfice de leur libre arbitre. La liberté devait entrer dans le temps successif, dans le domaine du révocable.

Or le propre des êtres libres est de ne point se ressembler. L'empire de la liberté est celui d'une variété indéfinie. Si la vie nous traitait tous de même, elle ne serait que pour un seul. Les situations qu'elle offrira seront, au contraire, innombrables. Et là se reconnaît le noble champ des êtres libres !

Il ne faut pas oublier que les âmes partent de ce monde. Là est cette plage du temps où les innombrables libertés vont éclore, se lever, et se mettre en marche pour la première fois. Là, toutes allant selon leur pas, les unes lentement, les autres d'un élan plus rapide, elles vont s'échelonner et se distribuer, suivant leur nature, sur les zones diverses du monde moral. Les êtres libres s'élèvent ou s'abaissent comme les instincts dans leur cœur:.

Car toute âme commence à s'aimer sur un point; de ce point même part l'égoïsme qu'elle est appelée à détruire. De là, autant de sortes de caractères dans les âmes qu'il peut y avoir de degrés dans l'échelle infinie de l'amour. C'est cette diversité de degrés qui produit ici-bas une hiérarchie extérieure.

Ainsi, sur les zones diverses de la peine, voyons-nous les civilisations s'échelonner : depuis les habitants des déserts et les peuplades barbares jusqu'aux nations les plus avancées; et, dans le sein d'un même peuple, depuis l'âme inculte encore de l'homme luttan contre les éléments, jusqu'au cœur ému du poëte ou de la vierge consacrée à Dieu.

Certes, l'ardeur et la paresse, la magnanimité et l'injustice, la vaillance et la pusillanimité, la bienfaisance et l'avarice, la noblesse et la vénalité ne peuvent recevoir le même traitement dans la vie.

Il faudrait ne pas voir la construction de ce monde pour n'en pas être saisi d'admiration! Comment se fait-il, par exemple, qu'il y ait des objets pour éprouver ou exciter l'orgueil, la luxure, l'avarice, l'envie, la gourmandise, la colère, la paresse? Par quel prodige les choses se trouvent-elles en corrélation avec les états de notre âme?

Arrivant en ce monde pour y grandir à l'aide de toutes ses épreuves, elle a besoin d'y rencontrer une occasion pour chacune d'elles. Notre égoïsme ayant plusieurs degrés, et de là plusieurs caractères, suivant la manière dont il se met à s'aimer, il faut que sur chacun de ces degrés notre être passe par l'épreuve. C'est pourquoi nos péchés sont énormes, car ils dénotent tous un arrêt dans le cœur. Chacun d'eux présente un obstacle prévu, et l'on sait que notre âme s'arrête au point où elle commence à s'aimer : eh bien, c'est en vue de ce point que sa position lui est donnée dans la vie. Pour prendre son vol vers l'Infini, elle rompra l'attache par où se fixait l'égoïsme !

Dieu a rendu la vie accessible à toutes les âmes. L'égalité ne se fût mise qu'à la portée d'une seule. Dans leur développement, les unes se seraient élevées au-dessus, les autres seraient tombées au-dessous de ce tyrannique niveau. Les libertés détruisent d'elles-mêmes leur égalité d'origine. Or il faut que la vie puisse les recevoir toutes. Celles qui ont rejeté une épreuve plus spirituelle sont remises à une épreuve inférieure. C'est ainsi qu'il y a des épreuves

à tous les degrés offerts par nos instincts, avant de passer à celles qui se rapportent à l'esprit. La douleur sait s'adapter à toutes les mesures.

Car, selon que les âmes se placent sur un cercle plus ou moins élevé, le genre et l'intensité de l'épreuve diffèrent. Le travail revêt autant de caractères que la liberté a de formes; il crée autant de sortes de positions dans la vie qu'il y a de sortes d'instincts à détruire ou de sentiments à cultiver dans les âmes. Et d'abord, nos cœurs demandent à être attendris : or, à l'un il faut les plus longues douleurs; à l'autre la contemplation fera venir les larmes. Nos volontés demandent à être développées : or, à l'une il faut l'emploi des plus grands leviers; il suffira pour l'autre d'être remise à elle-même.

Dans sa loi, le travail a tout prévu. Où la liberté morale n'est qu'en germe, il se condensera; où elle étend ses ailes, il se raréfiera. La peine sait se retirer ou s'accumuler où il le faut. Et il n'est pas jusqu'à la triste phalange de ces hommes que notre loi condamne aux *travaux forcés*, dont les volontés, aux prises avec de plus lourdes peines, ne reçoivent le traitement qui leur est devenu nécessaire. Car leur paresse et leur orgueil les ont conduits presque à l'état des brutes.

Ici, pour tirer la volonté de son rude égoïsme, on ajoute la force : le dernier levier est en œuvre ! Les hommes qui, parmi nous, ne sont point encore abordables à la justice, rendent donc nécessaire à leur égard ce traitement de l'esclave, que réclama, il faut le croire, l'état des foules pendant quatre mille ans. O liberté ! que tes commencements sont pénibles ! Dieu seul possédait le principe et les fins... Il a donné ce qu'il pouvait donner à une substance finie ! Peut-on oublier ces mots de saint Paul : « Dieu, qui est le père des esprits, les châtie pour leur bien, afin de les rendre un jour participants de sa sainteté? »

Le travail ne devait pas seulement étendre la loi de la douleur sur la surface du genre humain; il fallait que, de la sorte, il la répartît et l'appropriât aux divers besoins des individus. Il fallait qu'il se divisât selon ses différents éléments, pour appliquer chacun d'eux à la vertu spéciale qu'il provoque. Le temps aussi a ses zones pour l'échelonnement des âmes!

Espérer parmi nous que tous les hommes seront égaux, ce serait croire qu'on a découvert le moyen d'étouffer notre liberté. Comment empêcher les hommes vertueux et les hommes de bien, les hommes de travail et d'économie de s'élever au-dessus des âmes molles et indifférentes? Cette terrible inégalité s'accroît encore par l'effet des générations, toujours propres à se transmettre les doubles aptitudes du corps et de l'esprit. Inviolables en raison des efforts qu'elles ont coûtés, ces aptitudes acquises s'incorporent volontiers aux familles et tendent à former des races supérieures et aristocratiques.

L'âme élevée tend à produire, par le sang et par l'éducation, une postérité qui cherche à s'élever encore. Toute vertu reparaît, à chaque printemps, prête à refleurir sur sa tige; et tout vice attend qu'une volonté contraire l'ait réduit. En transmettant leur fortune et leur sang, les hommes transmettent certains commencements de leur âme : l'éducation et les exemples font le reste. L'état dans lequel naît chacun de nous ne révèle que trop sa vraie généalogie! Ainsi, la liberté fait disparaître toute égalité sur la terre, et la fraternité, c'est-à-dire la charité, loin d'être leur corollaire, vient à propos mettre la paix entre les deux.

CHAPITRE XI

LÉGITIMITÉ DES RANGS ET DES POSITIONS DANS LA VIE.

Les hommes naissent dans les positions les plus avantageuses à leur formation. Au besoin, ils savent y venir d'eux-mêmes. Ce monde est un miraculeux atelier, où le travail se dispense suivant l'état et la nature de notre liberté. Les professions diminuent d'intensité suivant ce que l'âme possède. D'un genre d'efforts les générations d'âmes passent à un autre suivant le côté qui s'est formé en elles. De là les positions diverses de la vie.

La Société offre l'échelle toute faite. Les

uns s'élèvent parce qu'ils doivent s'élever ; les autres redescendent parce qu'ils doivent être de nouveau abaissés. Les âmes tombent d'elles-mêmes à leur place. Le propre poids de leur orgueil et de leur faiblesse leur fait toujours toucher terre au point d'où elles devront repartir. Souvent la grossièreté des organes indique la marge qui reste encore devant une âme.

Il faut bien le savoir : dès qu'ici-bas l'homme a quelque avantage, il en profite pour son orgueil. C'est pourquoi il n'y a de possible qu'un si petit nombre de positions élevées. La surprenante quantité des situations pénibles de la vie, et l'universalité des conditions inférieures, montrent l'état du plus grand nombre des âmes. L'ordre économique est bien plus exactement encore l'ordre psychologique du monde !

Mais une telle hiérarchie ne dépasse pas cette terre. Car souvent ce qui y paraît inférieur pourrait être élevé, et ce qui y semble élevé peut aussi ne pas l'être. L'important est que chaque position offre les conditions du développement d'une âme ; non que les âmes aient plusieurs natures, mais elles ont plusieurs états. Toutefois, les plus élevées ne conservent leur rang que si elles se maintiennent décidément dans l'esprit de sacrifice, de douceur et d'humilité. Car en entrant dans l'esprit de pauvreté, elles sont dans la voie souveraine. Dieu tend déjà les bras aux âmes qui ne craignent pas de voir doubler pour elles le fardeau qu'impose la vie.

Il y a sur la terre une hiérarchie, parce qu'à l'aide de l'exemple et de l'éducation, les familles sages peuvent souvent transmettre, avec leurs biens, quelque chose de la liberté morale qu'elles ont su atteindre. L'état physiologique lui-même est un vase précieux pour l'âme; il faut que la civilisation s'amasse au lieu de se perdre à chaque génération ;

et, de cette manière, toute race comme toute nation peut grandir. Le progrès ne s'appuie que sur cette solidarité. De là vient la valeur des Noms, parce qu'ils qualifient les familles. Comment empêcher la liberté qui s'édifie et se maintient, d'élever une race? On ne verra pas plus la Noblesse disparaître dans la société humaine, que les races dans l'humanité, ou que le libre arbitre en nos âmes.

Dans la race, fruit de la liberté, et dans son rejeton, la famille, le développement acquis par les âmes des ancêtres donne ordinairement, avec les organes, le point de départ aux âmes de leurs descendants. C'est cette loi qui fait que nos enfants ne sont pas tout à fait comme ceux des sauvages. « N'y a-t-il pas toute apparence, disait Socrate, que les meilleures natures se trouvent dans les hommes d'une grande naissance? » Le mot naissance, contre lequel se révolte la liberté individuelle, n'exprime que le fait même de notre liberté acquise. Et voilà pourquoi nous tenons à nos pères par un lien sacré. Voilà pourquoi tout homme REÇOIT son nom; il ne saurait pas plus le répudier que le sang qui lui vient de sa famille.

Toutefois, cette inégalité, issue de notre liberté, ne touche en rien au mérite absolu. Car Dieu, qui ne fait pas acception des personnes, ne considère pas uniquement le point où l'on est arrivé, mais celui d'où l'on est parti; et saint Paul nous annonce que chacun ne sera jugé que sur la loi qu'il a connue. C'est la réversibilité, sans doute, qui élève ensuite une foule d'âmes au niveau exigé pour les saints.

La plus grande difficulté ne serait pas de mettre les biens à la portée de la foule, mais de les lui faire conserver. Pour maintenir debout le capital, il faut l'avoir construit; on ne possède que ce qu'on a créé une fois, et que l'on a épargné mille. Si les âmes tombent dans la paresse et dans le vice, les familles et les biens tomberont. C'est en vain que la Révolution prétend faire passer dans l'ordre économique l'égalité native de l'homme devant Dieu. Il ne se fera aucune révolution dans le travail ; il restera le grand levier du genre humain.

Le travail ne pourrait diminuer sur la terre que par un accroissement de capital, c'est-à-dire, de liberté acquise par la modération dans les jouissances. L'homme qui rompt les fers de l'orgueil et de la paresse est attendu dans les champs libres de l'esprit. Les sociétés peuvent changer par force, mais la loi sur laquelle la société repose ne changera jamais. Si la Rédemption pénétrait dans toutes les âmes, il se ferait cette révolution magnifique, que les classes inférieures, au lieu d'être les plus nombreuses, le deviendraient de moins en moins dans cette grande progression de l'échelonnement des âmes. L'ordre économique n'est que l'établissement des divers cercles de l'épreuve dont chacun de nous a besoin.

Avons-nous regardé de près dans les âmes rigoureusement condamnées au travail ? Quel repaire incroyable de présomption ! Approchez, dites une parole, vous les verrez bourdonnant d'orgueil. Le sauvage et le barbare se trouvent précisément dans cet état. L'orgueil est au commencement de l'être créé. Les âmes grossières ne sont que celles où il occupe encore le premier rang. C'est pourquoi elles sont toujours prêtes à blesser, à vous jeter leur égoïsme à la face.

Observez-les entre elles ! comme un seul mot tombé sur ces faibles esprits les fait aussitôt éclater ; comme le moindre succès chez ces pauvres hommes les enfle au-dessus des rivaux ; comme le plus petit gain leur fait croire que le travail des bras n'est plus pour eux ; comme la ruine suit tous leurs pas ! Imaginez là une tête qui, sans tourner, puisse être élevée aux honneurs ; un cœur qui, sans se dissoudre, puisse avoir l'or autour de lui; un homme enfin pour qui la sévère loi puisse être abrogée un seul jour!

Otez le travail, ôtez la faim qui le provoque, et essayez de concevoir l'homme sur la terre! La rigueur même de notre loi prouve combien il est difficile d'élever le créé par la voie du mérite.

Si Dieu avait mis un peu plus d'amour dans la création, il l'aurait perdue... Adam même fut, par la chute, amené à se recommencer! Aujourd'hui encore, le moindre inconvénient de gâter un enfant est d'en faire un homme inférieur. Des pères ont rassemblé une grande fortune; des enfants élevés dans les soins la mangeront. La fortune tombe des doigts qu'elle a ramollis. La vie n'est faite que pour offrir la lutte au libre arbitre et déployer les mérites de la personne.

Dieu évite avec soin de placer les âmes

dans des positions où leur amour-propre ne saurait point se contenir. On reconnaît l'impossibilité où il est d'élever une multitude d'hommes, quand on en trouve si peu chez qui le moindre changement ne ferait pas éclater un orgueil que jusqu'alors ils ont pu modérer. Il faut voir de près la vie. Une qualité vraiment dépouillée d'orgueil est très-rare. Voulons-nous savoir si un homme la possède ? supposons-le tout à coup à un rang supérieur, et rendons-nous ce compte, que rien ne saurait s'enfler sur aucun côté de son âme.

CHAPITRE XII

L'HOMME REÇOIT UN AIDE DANS LE TRAVAIL
ET DANS LA DOULEUR.

Il faut le répéter : les positions de la vie sont les positions des âmes. Chacune est déposée sur sa vertu, à portée de combattre constamment son vice. Il est inutile de faire un marchand de celui qui n'a pas le goût exagéré du gain ; un valet, de celui qui n'a pas tout son orgueil à contenir. Chaque profession a ordinairement sa vertu derrière soi, et son vice à combattre devant elle. Les hommes sont plus à leur place qu'on ne pense ; mais qu'il faut d'humilité pour l'avouer !

Par le travail, la douleur, comme une loi, est régulièrement étendue sur tous les points de l'existence; et, par les diverses professions, elle est soigneusement appliquée aux différents états des âmes. La vie est tout organisée pour le Ciel.

Mais cet homme, né pour le Ciel, reste souvent courbé sous la forte loi de la terre. Ne faut-il pas qu'il ait un aide dans le travail, et un secours dans la douleur? Quel ange se tient donc prêt à lui tendre la main, et à descendre avec lui dans toutes les positions de la vie?

La femme a été mise belle et bonne sur la terre pour tempérer la douleur. Aussi, les femmes sont toujours ce que mérite l'homme. Elles correspondent essentiellement à l'état de la nature humaine. Voyez comme elles contractent divers aspects de beauté et de caractère suivant les classes pour lesquelles elles sont faites, de même que suivant les différents peuples de la terre auxquels elles appartiennent. On dirait qu'elles rappellent les fleurs, qui correspondent aux climats qui les voient naître. Les femmes ressemblent aux âmes des hommes ; leur beauté, comme leur sensibilité compatissante, est toujours proportionnée à notre cœur. Indépendamment des races, le caractère et l'état de la beauté chez elles présentent la mesure du sentiment religieux, parce qu'ils sont un reflet des propensions et de l'état des âmes.

La femme a été créée belle et bonne, mais il semble que Dieu lui retire ces attributs dès qu'il voit la nécessité de laisser agir la douleur. Un peuple chez lequel on voit les femmes prendre l'esprit de l'homme, c'est-à-dire mettre leur vanité avant leur cœur et passer d'abord par l'amour d'elles-mêmes, est un peuple que Dieu punit. La coquetterie annonce de grands malaises dans une nation. Quand les femmes ne sont plus pour nous, il est à craindre qu'il en soit de même de Dieu.

Mais lorsque chez un peuple le travail et la vertu accomplissent leur forte et sublime loi, la femme reprend ses attributs. Que l'homme observe l'état du Ciel dans ses regards ! Dieu l'a exonérée pour nous d'une partie du travail. Chez l'homme grossier et chez le barbare, elle le reprend ; comme elle en est de plus en plus déchargée dans les civilisations et dans les classes qui s'élèvent.

La femme a quelque chose de la mission angélique. Elle aura peut-être moins rudement combattu que nous ; mais, fille d'Ève, elle porte la blessure au cœur. Il semble qu'elle a pris un autre côté de la nature humaine, et qu'elle n'est pas d'une constitution tout à fait semblable à la nôtre. Son bien n'est plus autant le mérite acquis que le mérite conservé ; sa perfection nous paraît d'un autre ordre. Elle a moins de volonté que de cœur; son corps lui-même a moins besoin de travail; et, comme à l'ange, on lui demande, pour rester parfaite, de conserver sa pureté. Aussi, bien plus que l'homme, préfère-t-elle aimer et être aimée à la manière de l'ange. Elle sent moins que nous le besoin de liberté.

Aussi ne doit-on point s'étonner de voir les femmes qui s'éloignent de l'innocence rentrer en partie dans la condition de l'homme. La responsabilité et le travail augmentent aussitôt pour elles, absolument comme pour Adam après le terrible choix qu'il a fait. Ce n'est pas un faible indice de ce qui se passe ontologiquement en leur âme, que ce caractère masculin qu'elles revêtent alors extérieurement. Là n'est point leur nature, et, dès ce monde, elles le sentent déjà pour le bonheur.

Aussi, chez la femme, le repentir nous touche moins que l'innocence. On peut comprendre que ce qui vient de l'humanité nous intéresse moins que ce qui vient entièrement de Dieu ! Un instinct nous porte à préférer la beauté de l'innocence, où Dieu paraît tout faire, à celle du repentir, où la merveille est comme partagée. Dieu en juge peut-être différemment. Dans l'attendrissement où le tient sa bonté, il trouve aussi intéressante Marie l'Egyptienne, remontant l'échelle de l'amour, que Rose de Lima, qui ne l'a jamais descendue. La vertu est une tendance à l'innocence; et tout dépend du degré acquis dans l'amour.

Accusons rarement les femmes, qui sont ce que les fait le milieu dans lequel elles vivent. D'une nature plus impersonnelle et plus impressionnable, elles attendent que l'homme leur communique un caractère, comme il attend d'elles la condescendance qu'il ne rencontre pas en lui. Pour croire, pour agir et pour se dévouer, elles exigent moins de lumières et de preuves que l'homme. Cette sorte d'impersonnalité se manifeste dans leur beauté, qui, en s'épurant, devient idéale et les rend l'objet d'un culte de la part des âmes élevées. Les hommes se comportent avec les femmes comme avec leur conscience : on peut juger d'une époque ou d'une classe de la société d'après leur conduite envers elles.

Quoi qu'il en soit, l'homme, héros de la nouvelle création, portera plus spécialement le travail, et la femme plus spécialement l'amour; car cette création n'aurait pu se conserver sans complaisance et sans amour!

La douleur, certes, n'entrera pas au Ciel; mais, sur la terre, elle a une tout autre réalité que l'amour !

CHAPITRE XIII

LES AMES SONT GRADUÉES DANS LA VIE SUR
LES ZONES DE LA DOULEUR.

HIÉRARCHIE MYSTIQUE.

Race d'Adam, vous croyez travailler la terre, et vous cultivez le Ciel ! Le temps est établi de manière à assurer tous les pas de notre liberté. La vie est graduée pour le mérite, comme le Purgatoire pour la purification, et les Cieux pour la gloire.

Comptez vos instants ici-bas : un jour vous en verrez le prix dans l'Infini. Vos souffrances sont les degrés que vous franchissez sur l'échelle invisible. Mais les séraphins seuls pourraient dire à quel point vos peines sont précieuses. Nous ne restons chaque jour sur la terre que pour faire un pas de plus; et souvent chaque pas est amené par la douleur. Sa flamme s'attise sous notre âme pour nous obliger à partir et à nous élever de motif en motif jusqu'à l'abnégation, jusqu'à la pureté de l'être.

Le motif qui se rapproche le plus du motif pur du devoir est celui de l'honneur. Aussi, Dieu tâche d'élever à la sainteté ceux qui, dès leur naissance, ont appris le culte de l'honneur.

Le motif qui se rapproche le plus du motif de l'honneur est celui de la gloire. Aussi, Dieu tâche d'élever au sentiment du véritable honneur ceux qui, dès leur naissance, ont éprouvé de l'attrait pour la gloire.

Le motif qui se rapproche le plus du noble motif de la gloire est celui de la justice.

Aussi Dieu tâche d'élever à l'idée de la gloire ceux qui, dès leur jeunesse, ont trouvé dans leur âme le sentiment de la justice.

A son tour, le motif qui se rapproche le plus du strict motif de la justice est celui de l'intérêt. Aussi, Dieu tâche d'élever à l'idée dominante du juste les âmes qui sont nées près des motifs de l'intérêt.

Enfin le motif qui reste après le mince motif de l'intérêt est celui du plaisir, qui ferme l'homme dans son corps. Et Dieu, pour délivrer ces faibles âmes, s'efforce de les attirer au goût de la possession par le désir du bien-être et de la propriété.

Ainsi s'échelonnent les hommes. Le travail de Dieu sur ce monde consiste à mettre un levier sous chacun d'eux, afin de soulever l'âme du degré où elle s'est posée jusqu'au degré qui lui est supérieur. Or, entre chaque degré, il y a souvent toute une vie, et ce levier, c'est la douleur.

Aussi ne doit-on point troubler les âmes qui n'entreverraient pas des choses placées au-dessus d'elles. La lumière intérieure, seule, est assez délicate pour descendre en initiatrice. Au fond, l'homme n'avance que par un effort de plus dans l'amour; et souvent un plus grand amour ne s'embrase qu'au feu ardent de la douleur.

Tels s'offrent les rangs de la société humaine, gradins immenses où les âmes sont établies. Au faîte, étincelle la triple flamme de la vertu, du génie et de la douleur. Au bas sont les peines moins grandes, comme aussi les sentiments moins profonds. Ici, à mesure que le regard descend, on voit l'aigreur et le rire augmenter; à mesure qu'il se relève, on voit régner la douceur, le sérieux, inséparables des grandes choses.

Qui n'a jeté des yeux surpris sur ce mystérieux amphithéâtre des âmes? Sur la terre, les cercles se construisent pour elles comme Dante les entrevit dans les lieux de l'expiation. Par moments, les révolutions les dispersent toutes à la fois. Mais c'est le char élevé des saints, des héros et des hommes d'honneur qui entraîne le mouvement du monde. Les autres forment un obstacle que les premiers sont obligés de vaincre.

Plus une nature est élevée, plus est en elle le sentiment de l'Infini, et plus elle souffre dans la vie. Moins une âme contient de cet instinct divin, moins elle se trouve en disparate avec ce monde. Mais plus alors elle a besoin d'être vivement travaillée par les choses du temps. Les âmes sont échelonnées sur les diverses zones de la peine.

Dieu prévoit celles qui n'éprouveraient pas les peines morales, et il les expose aux peines de la faim. Il y a si peu de sensibilité dans ces milliers d'êtres au sortir du néant, qu'il faut à tout instant les réveiller par le vif sentiment de leur existence mise en question. L'homme a eu besoin d'un corps, pour que le traitement de la vie descendît aussi bas que cela serait nécessaire.

A ceux qui ne ressentiraient pas les peines de la conscience, Dieu envoie donc les dures peines du corps. A ceux qui ne ressentiraient pas les nobles peines de l'honneur, Dieu envoie les peines vulgaires de la fortune. Enfin, à ceux qui n'éprouveraient pas encore les saintes souffrances du cœur, Dieu prépare les inquiétudes de l'esprit. Les âmes sont échelonnées ici-bas comme dans le Purgatoire.

Considérons, par exemple, ces âmes auxquelles il faut absolument un gain. Leur égoïsme les tient de près ; elles ne feraient pas un effort pour autrui sans salaire. Les professions qu'elles exercent sont, il est vrai, les moins honorées : ces âmes n'auraient pu se maintenir dans celles où l'honneur est la plus grande récompense. Quand par hasard elles y entrent, leurs concussions les mettent bientôt à découvert. Nous venons de le dire, chacun tombe à peu près à la place de son âme ; aussi, combien les hommes ont de peine à se défendre d'un sentiment de considération pour les positions élevées ! Les exceptions produites de nos jours par la rapidité des gains et l'escalade des emplois n'ont pu détruire encore ce sentiment universel.

Toutes les vertus et tous les cœurs sont à leur place. L'aisance se construit aisément autour des esprits fermes et des habitudes économes ; et la richesse dissout promptement les familles qui ne conservent pas leur grandeur. La grandeur, c'est la prédominance de l'âme. Dieu a choisi les races royales ; et souvent leur naturelle noblesse n'a pu résister à des siècles de prospérité. Mais plus tard, sur les niveaux inférieurs de la vie, l'exil nous a fait voir ce qu'il y avait encore dans une âme royale.

Chacun se plaint de la fortune, et les anciens l'avaient placée sur une roue. Il est vrai, sa marche est cachée, comme celle qu'au fond se trace à chaque instant le cœur. Quand les malheurs viennent frapper, nul ne sait s'ils sont un signe de colère ou une source de perfections. C'est toutefois une profonde sagesse qui fait passer les biens et les maux d'une famille ou d'un peuple à l'autre, suivant un jugement dont l'avenir montre fréquemment la justesse. Laissons sans défiance tourner la roue de la fortune : rien ne se meut dans l'univers qui ne prenne d'En-Haut son mouvement.

CHAPITRE XIV

LES CLASSES DANS LA SOCIÉTÉ RÉPONDENT
AUX DEGRÉS DES ÂMES.

Que les hommes bien nés suivent l'inspiration qui est en eux. Les bons mouvements nous sont donnés en proportion de notre nature. Beaucoup ignorent combien il leur sera dur un jour d'être restés au-dessous d'eux-mêmes. Les satisfactions qui ne passent pas par la conscience sont nulles ; l'homme d'une nature avancée tôt ou tard le ressent, et, faute de joie intérieure, il tombe dans la détresse morale.

Souvent la jeunesse perd de la sorte une nature développée, qu'avaient préparée avec tant de soins les générations précédentes. Le jour où le plaisir finit, l'homme ne trouve plus en lui qu'une cendre. Il se voit en face d'une conscience attiédie, incapable de recueillir le doux sentiment intérieur. Dépouillé, le voilà seul en face de son terrible vis-à-vis, le moi; dès ce moment l'homme est battu.

L'orgueil, une fois entré dans le désert de ce cœur, rejette tout, méprise tout; l'orgueil est une spirale pour descendre à la ruine. Dès lors l'âme est comme à refaire : dans l'échelle de la vie elle va revenir au bas, et recommencer le grand cercle. Car les sentiments devenus communs chez les pères reparaissent dans les enfants. Si ces derniers songent à se régénérer, leur volonté a de plus à combattre la loi de l'impulsion génératrice. Une race lentement élevée par la force de la vertu est vite sapée par le vice. Quand l'âme perd sa noblesse, les motifs élevés n'ont plus de prise sur elle ; elle est remise sur les leviers grossiers. La douleur sait toujours à qui elle a affaire. Il faut franchir les degrés du travail pour pouvoir se tenir dans ceux où il entre de l'amour.

Le grand point est que l'homme sorte de lui-même pour prendre le mouvement éternel de l'être vers l'être. Le travail est donné dans ce but. C'est le travail qui commence l'amour; par l'effort, il habitue l'homme à sortir peu à peu de lui, jusqu'à ce que l'amour opère ce mouvement complet en le portant dans autrui. L'homme en serait presque toujours incapable dans les débuts de la vie. Seulement le travail n'a point pour l'homme ces égards qu'il trouve plus haut dans l'amour.

On sait pourquoi l'amour est plus que le travail : l'amour se donne nécessairement à un autre que soi, au lieu que le travail revient en grande partie à lui-même. Le travail fait les premiers pas de l'amour; c'est pourquoi il avait besoin des encouragements de ce monde. Mais c'est encore par le travail que la masse du genre humain peut se sauver, et qu'à l'heure de la mort l'âme se trouve secrètement préparée à l'acte définitif de l'amour!

Chose admirable! cette métaphysique du travail et de la douleur éclaire même l'immense problème de l'esclavage. Elle nous laisse entrevoir jusqu'où la douleur a pu sauver l'Antiquité... Et cependant, il y a loin de la douleur à la pénitence : puisque l'une est surtout le propre de l'esclave, et l'autre le fait des cœurs libres. Néanmoins, dans toute douleur, il y a une semence de soumission, un germe secret de renoncement. La volonté humaine répond à la douleur par un certain degré de résignation.

La douleur formait l'âme des esclaves pendant le paganisme, en ce qu'elle les conduisait à la patience, à cette vertu nommée par saint Ambroise « la mère des enfants de l'Église, » ou déclarée par saint Paul « la source des œuvres parfaites [1]. » L'esclavage devint pour la Gentilité comme un christianisme extérieur. Agissant sur la nature humaine affaiblie par la chute, l'esclavage a fait obtenir les bénéfices intérieurs du travail à qui n'aurait pas travaillé, et ceux de la résignation à qui n'eût pas atteint cet élément de sainteté. Un fait qui a régné quatre mille ans a de profondes raisons d'être.

Que d'âmes la résignation a dû préparer à la grâce! C'est ce qui explique encore de nos jours comment tant d'hommes, dont la vie s'est malheureusement écoulée en dehors du savant traitement de la Foi, se trouvent, au moment de la mort, tout à coup prêts au repentir et à l'amour. La douleur conduisait en secret ces cœurs

[1] « Jamais valeureux chevaliers, dit un saint, n'ont attiré les regards des hommes, comme un cœur patient dans l'affliction attire ceux de tous les chœurs célestes. »

vers le seuil de la grâce. Dans la nature elle fait l'homme, dans le chrétien elle fait le saint.

Les hommes privilégiés, ceux qui s'élèvent presque du premier bond au travail de l'esprit ou du cœur, ceux qui entrent tout d'abord dans les voies que nous ouvrent la pensée ou la piété, la justice ou l'amour, ont eu le temps, sans doute, de conduire plus haut leur âme. En présence des occupations de Marthe, Notre-Seigneur disait bien à Marie qu'elle avait choisi la meilleure part.

Il est aisé de reconnaître que les âmes orgueilleuses naissent en général dans les classes inférieures. Les âmes nobles et tranquilles naissent au contraire sur un niveau d'où leur humilité ou leur justice peut se répandre.

Parmi les premières, beaucoup ensuite ont profité des leçons que leur donna avec profusion la vie, comme parmi les secondes plusieurs ont pu mésuser des avantages dont le Ciel les avait couronnées. Mais comme toutes, quoi qu'elles en disent, sont nées où il le fallait ! Ceux qui suivront cette remarque en resteront tous les jours plus frappés.

Dieu ne laisse à peu près les grandeurs qu'aux âmes qui peuvent les porter. Les envieux, quoiqu'ils emploient mille moyens, rarement parviennent à réussir. Même dans des conditions meilleures, il est des âmes que Dieu préserve du luxe ; celles surtout qu'on voit à grands soupirs regretter d'avoir peu de fortune.

Dieu nous donne les biens que nous pouvons porter. Ici-bas, chaque point est merveilleusement calculé pour nous conduire vers l'Infini. Chaque âme est reçue sur son échelon, et il n'est pas un mot du drame prêt à s'ouvrir devant elle qui n'ait été mis à sa place. La vie est faite pour nous ; la position de tout homme, qu'il l'avoue ou qu'il le nie, est au juste le traitement qui lui convient.

Seulement, il en est parmi nous qui dès l'enfance ont été séduits par les arts, et ils ont demandé leur pain le reste de leur vie. Leurs joies aspiraient au Ciel, et ils n'ont pas quitté la terre ! Pauvres âmes.. mais que l'Infini est beau ! Paix, paix sur la terre aux hommes qui ont rêvé la beauté ! qu'aucune honte n'atteigne l'homme ébloui par les Cieux !

Le rapport établi entre la nature de la douleur et les divers états des âmes, produit les positions touchantes de la vie. Que d'ingénieuses douleurs préparées au génie trop altier, au poëte toujours ravi, au cœur vertueux qui s'exalte ; puis à la mère trop tendre, à la fille trop crédule, ou au jeune homme trop ardent !

Et quelle douleur aux doigts divins pour toucher au cœur extasié des saints ! Mais de quelles souffrances est visité celui dont la pensée ne peut se détacher d'un Dieu qui souffre les dédains ou l'indifférence des hommes ? Et pour l'âme qui s'ouvre au sentiment de l'Infini, que d'ineffables émotions s'éveillent pendant le silence des nuits, au murmure lointain des vents, en présence de l'étendue des mers, à la vue du nuage qui fuit, au seul aspect mélancolique de la nature, partout où l'Infini nous fait un signe ou veut bien nous laisser une trace ! Et quelle flamme traverse le sein dans un doux sentiment partagé, ou dans les transports de l'amour divin !

Or, dans ces classes où le travail peut se métamorphoser en amour, la peine en s'éloignant des membres entre si avant dans l'âme, qu'on ne saurait la dire sans connaître le langage des saints. N'entrons donc pas dans le royaume des douleurs invisibles ; ne montons point sur ces sommets où la douleur descend par le divin délaissement ou par soustraction d'espérance.

Car l'espérance ne vient pas de l'homme. Ce qu'il appelle de la sorte est un rayon de l'Infini qui lui arrive à travers le brouillard de la vie.

Lorsque Dieu ferme son Ciel pour voir combien ses âmes l'aiment, elles se sentent prises d'une telle mélancolie, que leurs angoisses deviennent aussi cuisantes que le remords. Percées d'un glaive et comme privées de lumière, elles se perdent dans la douleur. Car, d'ici-bas, elles ne voient pas jusqu'où l'épreuve les emporte dans l'Infini ! O mon Dieu, dit un saint, je soupirais, et vous m'entendiez ; je flottais sur les mers et vous guidiez ma course... Mais ne révélons à personne le tourment qu'il ne porte pas.

CHAPITRE XV

—

LA DOULEUR ÉQUILIBRE POUR LE CIEL LE CŒUR ET LA VOLONTÉ.

Ne pensons pas que la douleur ne vienne sur la terre que pour donner son résolvant au mal. Elle y est aussi appelée pour apporter son multiplicateur au bien. Nous la verrons oublier la pénible réduction du méchant pour s'occuper de la sainte progression des bons. Que le juste ne s'étonne point des nombreuses visites de la douleur. On la voit souvent obligée d'entrer chez lui pour rétablir l'équilibre entre les deux pôles précieux de son être, la personnalité et l'amour !

La douleur veut s'adresser à ces personnes dont le cœur expire de douceur et de sensibilité : elle accourt pour leur faire obtenir par l'effort une personnalité proportionnée à leur amour. Les êtres les plus sensibles seront particulièrement atteints ; il faut bien qu'elle en fasse des saints ! C'est ce qui explique pourquoi beaucoup de femmes ont tant souffert.

La douleur s'adresse également à ces hommes dont le caractère est plein de grandeur et de fermeté : elle vient pour dire aux larmes d'arroser les racines d'un amour qui doit grandir autant que leur personnalité. C'est pourquoi on voit presque tous les grands hommes rappelés un jour par les obligations de la douleur.

La douleur sait, en tombant sur un cœur attendri, y fortifier une volonté que la bonté empêchait de croître ; et, en tombant sur une personnalité altière, y adoucir un cœur que la fermeté empêchait de s'ouvrir. Êtes-vous doux, elle vous rend forts ; êtes-vous forts, il faut bien qu'elle vous rende doux !

Quelle lame à deux tranchants ! dirons-nous qu'elle ne fut pas faite en vue de la nature humaine ?. Placée dans l'intérieur de notre être, la douleur proportionne d'après le plan divin le cœur et la volonté.

Au fond nous ne saurions valoir que ce que notre âme vaut devant Dieu. C'est à son jugement que l'on peut distinguer nos vertus réelles ; et tel qui semble grand peut n'être encore que fort peu au-dessus du néant. Dieu, qui voit les âmes, dépêche la douleur auprès d'elles, pour les contraindre à s'élever, puis à se rapprocher de cette perfection qui sera la mesure de leur félicité sans fin.

Qui voit comment son âme est faite ? Qui sait où son égoïsme est fixé ? qui sait où se tient son amour ? Souvent l'endroit le plus parfait et le plus délicat du cœur est celui où l'humilité pénétrait seule. Ou bien, par la vieille habitude d'un vice, on perd de vue la plus grosse méchanceté de son âme. La douleur seule nous trouve. Tout homme est fait comme sa douleur…

Qui remplacerait en lui cet ouvrier invisible ? On est toujours étonné plus tard que la douleur ait visé si juste. Puis, aussitôt que le cœur s'arrête, la douleur le remet en marche. Dans les âmes que Dieu veut rendre parfaites, il faut qu'elle ait passé partout. A chaque pas, sur sa trace, elle laisse une abnégation. O vous qui désirez l'amour, laissez Dieu mener votre âme par où il faut !

Lorsqu'on a longtemps souffert, on est un jour surpris de ne plus retrouver tout son égoïsme. Le raisin qui n'est pas mis sous le pressoir pour donner son vin, pourrit ou se dessèche. La douleur use et renouvelle le moi plus rapidement que la vie. Après de longues douleurs, l'homme empressé de visiter son âme trouve ses plus gros vices abattus. Telle que le burin sur le tour, vous la verrez constamment se placer sur les côtés les plus saillants. A la place d'une forte passion, d'une excroissance de l'orgueil, elle fait alors naître une fleur ! O vous qui cherchez la beauté, laissez Dieu former pour votre âme la couronne qu'il lui prépare !

Tout en croissant sur sa tige de liberté, la noble plante spirituelle ne se déformera point; la douleur vient pour la découper suivant des proportions immortelles. Prenons-nous trop de fermeté, Dieu nous en retirera pour que nous restions dans les limites de notre amour. Nous remplissons-nous trop d'amour, Dieu nous en reprendra pour qu'il reste contenu dans notre pouvoir. Seuls, les insensés semblent manqués par la douleur...

Souvent l'homme trop ferme a besoin d'être attendri par le Ciel. La volonté ne fait que l'homme, et l'homme s'élèverait dans son orgueil. Il faut que notre cœur s'ouvre proportionnellement à la source impersonnelle. Tel croit aller en arrière qui travaille le plus pour avancer. C'est ce qui arrive en dehors de la grâce sensible ou dans la voie de l'abandon. La volonté privée de cœur s'érige en haine. Il n'y a pas toujours assez d'ampleur dans l'âme pour que l'activité laisse la place à la bonté.

L'intelligence ne fait pas le grand homme ; et la volonté d'un grand homme ne fait qu'un entêté de celui dont l'intelligence est étroite. Pour posséder un esprit vaste, il faut s'être humilié devant bien des faits ; et pour penser à tout, il faut avoir successivement tout aimé. Seul un grand amour a pu retenir l'âme suffisamment sur chaque objet. Jamais le bon sens ne sortit d'un cœur étroit. Livrez-vous aux esprits mesquins, vous ne tarderez pas à souffrir d'un tel défaut de leur cœur.

Comprenons l'importance de l'équilibre entre le cœur et la volonté. La méchanceté n'est qu'une persistance de la volonté sur un point où le cœur devait prévaloir; la faiblesse, qu'une inaction du cœur lorsque c'était à la volonté de marcher. La lâcheté habite au fond de ces cœurs mous où le vouloir est submergé. Ne nous plaignons donc pas si la douleur ravit un bien à notre personnalité pour le donner à notre cœur; ou si elle dérobe adroitement à notre cœur pour ajouter à notre personnalité.. Vous voyez bien que tout se fait pour nous !

L'âme sera parfaitement belle pour les Cieux. Au sein de l'Infini, à quoi servirait tant d'amour languissant, s'il ne pouvait être contenu dans notre personnalité, ou une si grande personnalité, si elle ne pouvait être remplie de notre amour? Il faut que les formes célestes de la personne soient prises par l'amour; il faut que la vie de l'amour brille sous les formes de la personne, comme la joie dans le regard. Ainsi le veut l'Artiste divin.

Cette beauté de proportion dans l'âme cache sans doute des conditions d'immortalité. Un système d'organes ne peut se développer aux dépens de l'autre sans les mettre tous deux en péril. Il importe de donner toute sa solidité à l'amour ; l'âme ne peut s'agrandir pour mourir. Comme le beau, comme la poésie, l'âme n'est ici-bas que de l'Infini constitué. Or, l'amour solide, c'est la vertu. Aussi la Foi demande-t-elle constamment la pratique. Dans la pratique est à la fois l'amour, qui a voulu, et la force, qui a pu. La pratique, c'est la perfection. Il ne faut être ni mou, ni béat ; il faut plaire au Dieu vivant !

L'homme n'est qu'un peu d'argile, et, pour trouver sa forme, il se mettra dans les mains de celui qui créa le ciel et la terre. Un moment de tribulation, suivant saint Paul, met en nous un poids immense de gloire. On nous le dit : Vous ne serez pas longtemps ici dans le travail, attendez un peu, car la mort sera détruite. Tout ce qui passe avec le temps est peu, mais ce n'est pas peu de gagner le royaume de la joie éternelle. Pour le posséder, c'est-à-dire pour entrer en Dieu, il faut sortir de nous-mêmes ; or, on n'arrive pas à ce renoncement sans souffrir. Mais la croix mène droit à la Gloire...

Cependant ceux qui souffrent se verraient peu à peu dépérir au sein de l'illusion, s'ils s'en tenaient à la pure contemplation de ces vues consolantes. L'homme est bien moins souffrant dans sa pensée que dans son cœur ; et c'est en vain que la lumière viendrait réjouir l'une, si la pratique, mère de la force et bientôt de la joie, ne venait en aide à l'autre. Au reste, comment séparer la douleur de la prière, la main qui porte le fer dans la plaie, de celle qui le retire? Comment, aussi, parcourir ce Chemin de la croix qu'on surnomme la vie sans appeler à soi la Mère de douleurs, elle qui, dans ce trajet, ne voulut pas laisser seul même son divin Fils?. Sans le secours d'En-Haut, combien tout est vide et désert, combien tout est dur en ce monde!

Nous ne possédons plus assez Dieu : telle est la cause de nos souffrances et l'origine de nos malheurs. Enfant de Dieu, fait pour Dieu, animé et éclairé de Dieu, vivant de Dieu, et créé pour trouver un jour une éternelle joie en Dieu, l'homme ne saurait se passer aussi longtemps de Dieu. Jusqu'à ce que Dieu soit de nouveau formé dans nos cœurs, nos douleurs resteront sans remède.

CHAPITRE XVI

REFUGE DES AMES ATTENDRIES.

Dieu veut que tout cœur soit et plus pur et plus grand pour mieux recevoir sa Gloire, pour contenir plus de félicité. Il faut que la vaillance s'unisse en nous à l'innocence.

Disons-le aux âmes des hommes : telles sont les belles nécessités de l'Infini. Il ne faut pas que notre amour soit comme une flamme qu'emporte le vent, ni notre personnalité, comme un tronc mort ; il faut que, fondus l'un avec l'autre, ils entrent dans l'incandescence immortelle! On doit donc prendre un soin égal de la personnalité et de l'amour.

Au fond, c'est bien l'amour qui est le plus divin. Mais l'homme, n'étant point assez bon, fait beaucoup plus de cas de la puissance que de l'amour. C'est toujours la puissance qui réussit dans le monde, et l'égoïsme, comme tous les mauvais sentiments, n'a de respect que pour la force. Aussi l'amour, fait pour le Ciel, se voit exposé ici-bas à toutes les blessures. Beaucoup d'âmes l'ont senti, et elles se sont retirées à l'écart pour le mettre à l'abri sous les fleurs immortelles de la sainteté.

Il y a des hommes qui ne connaissent qu'un élan ; puissent-ils ne pas connaître l'autre ! En nous il est comme deux âmes ; heureux ceux qui ne portent que l'âme qui veut connaître... Fuyez, cachez-vous dans le sein de Dieu, si vous reçûtes, sur la terre, cette autre âme qui veut réellement aimer.

Si la douleur a une portée surnaturelle en servant d'instrument à la grâce, elle peut aussi faire fléchir la nature. L'âme, en ce cas, n'a qu'un parti à prendre, c'est de courir dans les bras de Celui qui lui dit : « Venez à moi, vous qui souffrez, et moi je vous soulagerai. » Là, le plus misérable va rencontrer tous les secours. Pouvons-nous oublier la réponse que fit à Jean Taulère le mendiant à qui manquaient deux membres et une partie du visage : « Je te le répète : je n'ai jamais eu, grâce à Dieu, de mauvais jours dans ma vie. Dieu est mon père céleste ; et comme il m'aime d'un amour éternel et incompréhensible, tout ce qui m'arrive ne peut tourner qu'à mon bien, en sorte que je vis dans la paix la plus profonde. Lorsque je souffre, ou lorsque je n'ai pas de pain, je jeûne en expiation de mes fautes, et aussi pour ceux qui ne jeûnent pas. Et mon cœur se fond de bonheur en songeant que la vie est si courte, et que je serai éternellement heureux dans le Ciel. »

Notre voie est la bonne voie : si Joseph

se fût affligé quand il se vit jeté dans la citerne ou vendu comme esclave, il se fût affligé de son bonheur.

Comme Dieu nous a fait pour lui, n'est-il pas aisé de comprendre que notre âme, toujours inquiète, s'agitera dans la souffrance tant qu'elle ne viendra pas se reposer en lui ? C'est pourquoi saint Augustin s'écrie : « Ce qu'il faut pour nous rassurer et pour nous consoler, c'est une parole amie qui nous vienne du Créateur. » Aussi, comme l'Église est son envoyée sur la terre, est-elle la grande, est-elle la seule consolatrice des humains, en même temps qu'elle est leur mère ! Ce sont des âmes, elle leur apporte la lumière ; ce sont des cœurs, elle leur révèle le grand amour ; ce sont des faibles, elle leur remet les vrais remèdes ; ce sont des pauvres, elle les nourrit ; ce sont des affamés, aspirant tous à la félicité, elle leur ouvre, avec ses clefs, les portes d'or de l'Infini.. Et l'Infini, qui les attend, a voulu qu'elles lui disent : Notre Père !

Cœurs si tendres, prenez bien garde à la douleur, elle sera si pénétrante avec vous ! elle vous traitera presque comme les saints. Mais voyez jusqu'où va votre amour, et cet attendrissement qui ne vous quitte plus, et cet émoi qui vous fait mourir ! Il faut que tout cela rentre dans la force. Imposez-vous bien vite mille sortes de tâches et de peines, comme les personnes parfaites, si vous voulez continuer d'aimer.

Nous marchons dans des sentiers tracés par l'Infini. Loin de suivre sans s'y rencontrer des routes parallèles, la puissance et l'amour viennent s'y réunir. La plénitude de l'amour arrive à la puissance, et l'apogée de la puissance se change aussitôt en amour. Souvent l'homme s'abandonne à un médecin dont il ignore l'aptitude, et il pourrait penser ici que Dieu ne sait point traiter ce qu'il a de plus cher! La puissance et l'amour sont de toute éternité unies ; dans le temps seul est la division du travail. S'il n'en était pas ainsi dans l'Infini de ces deux énergies, comment les Personnes divines trouveraient-elles leur unité vivante au sein de leur Trinité adorable?

Déjà on a pu remarquer que la vertu qu'on a le plus cultivée reste souvent sans récompense. Il y a bien encore autre chose! la vertu qui fit le plus haut mérite de l'âme est souvent celle qui a paru succomber. Vous êtes bon, et c'est bien parce que vous l'êtes, qu'autour de vous tous les motifs d'impatience à profusion seront semés. Cette bonté naturelle deviendra une bonté acquise et toute surnaturelle. Vous êtes chaste, et c'est bien parce que vous l'êtes que, dans l'existence qui vous est faite, cette vertu atteindra une abnégation que vous ne prévoyez pas encore. Vous êtes humble, et c'est parce que vous l'êtes que, dans le cours de votre vie, cette vertu sera arrosée d'épreuves que l'orgueilleux ignorera, car il ne pourrait les porter.

Êtes-vous bienfaisant, Dieu voudra, de sa main généreuse, faire produire tous ses fruits à votre bienfaisance. Êtes-vous doux et soumis, sa grâce vous demandera tout ce qu'elle peut espérer de votre douceur. Il faut vous y attendre, Dieu prendra en tout les plus grands soins de votre gloire.. Enfin, pour redescendre par le même côté de l'âme, vous saurez que, si déjà votre cœur possède la douceur de l'époux, vous resterez probablement sans compagne; si votre jeune sein porte déjà l'intime tendresse d'un père, vous n'aurez peut-être pas d'enfants... la douleur ira aussi loin que vous! Ou la vie embrigade toutes nos âmes pour la sainteté, ou elle n'est rien...

Ames trop attendries, cherchez donc en Dieu un refuge, car souvent la douleur ne quittera pas plus l'homme que son ombre. Qu'il réussisse à recueillir son pain, la faim le prendra par l'esprit : soif de l'honneur ou soif du beau. Une seule des deux a fait mourir bien des hommes ! Qu'il écarte la faim de l'esprit, il est pris par celle du cœur : soif du bien ou soif de l'amour. Et s'il cherche à leur échapper par l'indifférence, alors s'ouvre en lui cette inexprimable peine de vivre qui appelle la mort. On ne sait pas combien de besoins l'Infini tient en réserve dans les âmes pour les attirer peu à peu jusqu'à lui !

Il est inutile à l'homme de saisir un bien de tout son cœur ; tout son cœur d'un autre côté sera saisi par l'amertume. Le plus souvent, celui qui est en paix dans l'amour, s'appauvrira ; celui qui est content dans la gloire, souffrira ; et celui qui est joyeux dans la fortune, la perdra. L'homme ne saurait goûter la paix plus d'un jour. Dès que la vie ne lui coûte rien, elle lui devient inutile. L'âme qui a connu le plus d'amertumes est celle que Dieu n'a pu quitter un instant. Il se passait quelque chose de merveilleux pour le Ciel : il fallait recevoir le métal pendant qu'il était en fusion.. une vertu de plus germait dans la dernière douleur. De tout ce qui se fait en nous, n'emportons qu'un attendrissement : si nous savions combien Dieu aime ses âmes !

Si l'action divine est sous chacune des molécules de l'univers, d'abord pour lui maintenir l'être, ensuite pour la conduire à sa loi, elle est, s'il est possible, bien plus présente encore sous chaque événement et sous chaque moment de ce monde des esprits, qu'elle conduit tous à la perfection ! Aussi les Pères de la vie spirituelle déclarent-ils que la série entière des événements les plus communs et des devoirs de chaque instant, est un voile sous lequel se tient cachée l'action divine. Cette action est présente en nous, bien que l'œil de la Foi puisse seul l'y saisir; et, dès lors, ce qui nous éclaire et ce qui nous forme, c'est ce qui nous arrive à chaque instant.

Le moment présent est, dans tout ce qu'il renferme, la manifestation de la sollicitude divine et l'empreinte de son action. Nous devons donc écouter Dieu de moment en moment, parce que l'indication du moment présent s'adresse directement à nous. Dès lors, rien de petit dans ces moments, puisqu'ils sont la révélation de la volonté de Dieu envers nous, et l'opération qui répond à l'état actuel de notre formation. Chacun d'eux peut contenir un royaume de joie. Ce sont autant d'instruments divins mis en œuvre pour nous sanctifier; et tout ici nous divinise à notre insu.

Chaque moment est un acte d'attention de Dieu; et ce moment est une source de sainteté qui n'est ni à l'écart, ni dans les livres, mais qui jaillit tout près de nous, à tout instant, au centre même de notre cœur. Le cœur emporte avec lui cette source, et n'a nul besoin de la chercher au loin. Mettons donc notre joie à porter le moment présent avec tout ce qu'il renferme d'amertume ou de complaisance, de disette ou d'abondance, de répugnance ou de contentement, pour nous trouver dans l'ordre de la volonté de Dieu; car cette volonté est celle de notre formation, de notre perfection, de notre préparation à la Félicité.

Cette Volonté seule connaît le type divin de la perfection qui attend chacun de nous; seule elle voit l'image sur laquelle nous devons être formés, l'idée que le Verbe a conçue de nous! seule, donc, elle saura nous conduire à notre sainteté. On cherche quelquefois le secret de Dieu; eh bien, il n'y en a pas d'autre que d'écouter chaque moment, que d'y entendre ce que Dieu nous révèle, afin de suivre son ineffable volonté. Pour atteindre à sa perfection, l'âme n'a qu'à se livrer à l'action divine, qu'à y joindre son propre mouvement, qu'à se laisser diviniser comme elle s'est laissé créer.. Nous n'avons qu'à toujours courir avec Dieu vers l'abîme de joie où, tantôt par bonds, tantôt à pas comptés, nous entraîne l'ineffable amour.

CHAPITRE XVII

—

D'OÙ L'HOMME PEUT TIRER LA FORCE DE SOUFFRIR.

L'AME calme dans la souffrance fait honneur à la création : rien ne glorifie mieux l'Infini. Aussi, veut-il ici fournir les fonds et prendre à son compte une si noble affaire !

C'est à cette âme que le Sauveur dit, par saint Luc : « Bienheureux ceux qui pleurent : ils seront consolés; » par saint Matthieu : « Réjouissez-vous, tressaillez d'allégresse dans vos souffrances : de magnifiques récompenses vous attendent; » par saint Jean (Apoc.) : « Dieu lui-même séchera vos larmes et on tarira la source pour toujours ; » ou encore : « Celui qui aura combattu jusqu'à la fin, je le ferai asseoir avec moi sur mon Trône ; » par saint Pierre : « Affligés, réjouissez-vous, car, si vous partagez les douleurs du Christ, un jour vous partagerez aussi son bonheur. » Saint Paul ajoute : « Les plus grandes afflictions n'ont aucune proportion avec la gloire qui brillera en nous et qui sera le fruit de notre patience ; car nos peines, qui ne durent qu'un moment, nous produisent un poids de gloire dans le plus haut degré d'excellence, et au delà de toute mesure ! »

L'homme ne peut se le dissimuler : c'est à cause de lui que Dieu est venu dans ce monde, et il y est venu pour souffrir. C'est pour que les hommes imitent mon exemple, leur dit-il, que j'ai voulu souffrir la mort. C'est aussi pour qu'ils sachent à quel point je les aime... Et d'abord, comment nous serions-nous décidés à entrer dans le chemin de la douleur, s'il n'y avait marché devant nous? Puis, sans cette mort ineffable, comment eût-il gagné des cœurs que ni le don de l'existence (preuve première d'un amour infini), ni la beauté de Dieu, n'avaient pu porter à l'aimer? Il s'est donné entièrement à l'homme, pour que, dans un amour réel, l'homme se donne entièrement à Lui! Car cette mort ne cessera de crier contre ceux dont tant d'amour n'a pu obtenir un regard.

Aussi, sur la nature de la souffrance et sur celle du véritable amour, le mot a été prononcé : « Se renoncer et porter sa croix. » Or, comme une telle puissance ne saurait évidemment venir de la nature, qui ne peut aller contre elle-même, il faut l'attendre de l'Esprit-Saint. Et c'est lui-même qui nous dit : « Venez à moi, vous tous qui êtes chargés, je vous soulagerai ; » ajoutant : « Ne craignez rien, je suis avec vous! » Prions-le donc de nous soulever jusqu'à Lui ! Aussi sainte Thérèse, parce qu'elle était peut-être plus près du Ciel que de la terre, répétait : « Ou souffrir ou mourir... »

Evidemment la grâce seule, ajoutant ici Dieu à l'homme, peut mettre notre volonté à la hauteur des vues de l'Infini, à la hauteur du bon plaisir d'En-Haut, qui est de nous diviniser. Issue du mouvement de l'Infini lui-même, la grâce seule apporte à l'homme l'héroïsme nécessaire pour renoncer à sa volonté actuelle, au point de dire à Dieu : Que votre volonté se fasse et non la mienne ! Elle peut seule le rendre comme un agneau plein de douceur, se prêtant aux opérations de la main divine, se donnant comme une victime de l'adorable volonté, voulant se laisser immoler, tombant en agonie, consentant ici à « perdre son âme » pour la retrouver dans la vie éternelle.

De l'Etre qui nous crée nous ne pouvons

recevoir que des dons. Tout ce qui nous arrive vient de la part de Celui qui nous prend au néant pour nous élever au comble des biens; de Celui qui nous crie : « Et quand les mères oublieraient le fruit de leurs entrailles, Moi, je ne vous oublierai pas ! » Les douleurs n'ont qu'un temps. Ne voit-on pas la plus violente tout à coup s'évanouir dans une joie, celle de la mère au premier cri du nouveau-né ?

Peut-être que Tobie, réduit en servitude, a demandé à l'ange de lui expliquer le mystère de ses douleurs. Mais voici l'instruction que lui a donnée l'ange : Parce que tu es bien vu de Dieu, il est nécessaire que tu sois éprouvé dans le creuset des tribulations. Tu as pratiqué les bonnes œuvres, tu as consacré à la charité le temps de la servitude, tu as pleinement observé la loi sainte, voilà pourquoi, dans son ordre admirable, Dieu veut qu'une épreuve plus grande te mène plus haut dans sa gloire.

Considère, ô mon âme, l'amour que Dieu te porte pour te prendre au néant et te faire partager son bonheur! Quand commença-t-il à t'aimer? dit saint François de Sales. Quand il commença à être Dieu, c'est-à-dire dès l'abîme de son éternité. Et aussitôt sa bonté inouïe te nomma par ton nom. Quel amour que celui que Dieu a médité de toute éternité! Il est certain alors que le cœur de Dieu voyait le tien et qu'il l'aimait tendrement, puisqu'il l'a créé. Or, ce cœur est infini : toutes les âmes peuvent le posséder, comme s'il était fait pour une seule. Le soleil ne regarde pas moins une rose et des millions de fleurs que s'il n'en regardait qu'une seule. Et Dieu ne garde pas moins son amour pour une âme, bien qu'il en aime d'innombrables millions d'autres, que s'il n'aimait que celle-là seule, que s'il n'aimait que toi.

Apaise donc ton tourment, ô mon âme, et vois s'il est une reconnaissance qui puisse égaler un amour éternel. Abîme-toi dans la joie de cette reconnaissance, et dis : Il m'aime trop, je ne suis plus à moi!

Douleur qui purifies, douleur qui mènes à l'abandon, si tu es profonde, tu es la racine avec laquelle je me prolonge au sein de l'élément vivant. Ta flamme m'ouvre un sentier à travers les merveilles divines! Traversons les ardents labyrinthes, emporte-moi jusqu'aux vraies sources de l'amour. Va! puisque je suis né!! Je sens que tu fais en moi un passage à la main qui me crée. Sainte douleur, quoi! si peu.. et de la sorte m'approcher du Cœur ineffable! Je veux être avec toi, je te suis, je t'admire, ô douleur, nous ne nous séparâmes jamais.. Tu es mon émotion et ma force, mon trouble, mais toute mon espérance.. et c'est toi qui m'as donné mes larmes!

Un pêcheur disait de nos jours en mourant : Il me reste d'avoir pleuré...

CHAPITRE XVIII

—

NOS AMES SUIVRONT JUSQU'AU BOUT
LEUR PASTEUR.

Aucun de nous n'est négligé, et l'œil de l'Infini repose sur chacune de nos âmes. On entend souvent dire par celle qui se croit maltraitée : Il ne m'arrive que des malheurs; ma vie s'est passée à souffrir !— Qu'y a-t-il là de surprenant? cette vie n'est pas une vie, mais une opération rapide [1],

---

[1] Celui qui vit et meurt dans la prospérité n'est-il pas comme un tronc vermoulu dont Dieu n'a su que faire? Ainsi le médecin qui désespère de son malade permet de satisfaire toutes ses fantaisies. L'antiquité elle-même considérait une trop grande prospérité comme un présage de grands malheurs.

où l'âme est pressée d'arriver, par la perfection, dans le lieu du bonheur.

Nous nous effrayons trop; et ce serait bien autre chose, s'il nous était donné de voir le chemin qu'ordinairement nous devons encore parcourir. D'après le récit d'une sainte, voici l'explication qu'eut un jour avec elle l'adorable Sauveur.

« Le Sauveur me dit : Tout n'est pas fini; vous avez encore bien du chemin à faire. Et, me montrant un chemin inégal et si étroit que les épines et les ronces entrelacées se touchaient d'un bord à l'autre : Voici votre chemin, me dit-il; il faut marcher par là. Je répondis : Mais, Seigneur, je ne le puis; il est impossible que je puisse aller là, si vous ne venez avec moi. Eh bien, me dit Notre-Seigneur, je vais aller avec vous; et aussitôt il passe devant moi. (Il faut croire que l'on fait allusion ici à l'effet des grâces sensibles.) A l'extrémité de ce petit chemin, je vis des planches étroites, ayant comme un demi-pied de largeur, qui étaient suspendues sur une vaste étendue d'eau dont on n'apercevait pas les rives. Lorsque nous fûmes arrivés près de ces planches, Notre-Seigneur me dit qu'il fallait traverser. Je répondis : Seigneur, je n'ose pas y mettre le pied ! Notre-Seigneur me dit alors : Ne craignez point ; si vous avez la Foi et mon amour, vous passerez partout... Je répondis : Seigneur, je vous en prie, donnez-moi votre main. Je ne me sentis presque pas marcher ; le Seigneur m'entraînait avec tant de légèreté et de vitesse, que j'éprouvais moins de peine que de plaisir. Notre-Seigneur me dit : « Il ne faut pas que je vous tienne toujours par la main, car vous n'auriez pas tant de mérite. Il faut que vous vous conduisiez par la Foi, et que vous marchiez seule sur toutes les planches que vous avez à traverser dans votre route ; d'autant que, en vous faisant parcourir ces divers chemins, je veux que vous serviez d'exemple aux pécheurs qui, par ma grâce, reviendront à la pénitence, et que cela vous serve à vous-même de pénitence pour vos propres fautes. Soyez sans crainte de ce que je vais vous quitter. Mais mon Esprit vous conduira partout où je veux que vous alliez. Je serai avec vous par ma grâce et par les sollicitudes de mon amour. Je répondis : Seigneur, au moins, dans mon affliction, marchez deux ou trois pas devant moi, pour savoir si je pourrai marcher seule après vous. Le Seigneur me l'accorda. Je me mis à marcher seule et m'enhardis. Notre-Seigneur me dit : Bon courage, mon enfant, vous voyez bien que vous marchez seule. (Il s'agit, à n'en plus douter, de l'absence du soutien sensible.) En même temps, il disparut; et moi je me trouvai au milieu des eaux, de nuit, sur une terre étrangère, et sans assistance d'aucune personne. »

Sachons également ce que, dans ses avis et ses aveux, un saint prélat disait hier encore : Souffrons avec courage et même avec joie, pour assurer notre élection. Lorsque Dieu voit qu'il peut compter sur une âme, après qu'il l'a visitée par des grâces avant-coureurs des plus rudes épreuves, il se cache et l'abandonne à sa misère, aux désolations, aux mépris, aux calomnies.. Mais que cette âme sache se taire, car Dieu est là.. C'est en vain, néanmoins, qu'elle l'appelle : Dieu paraît sourd, et même il fuit. Mais un jour, comme l'enfant qui se cache pour se faire chercher, il lui ouvrira le Ciel en souriant, tout heureux de l'avoir contrainte à obtenir les mérites qu'elle aurait laissé perdre si on l'avait écoutée. Quand Dieu trouve une âme généreuse, il ne la perd plus de vue : il compte bien en faire une pierre choisie de son éternelle Cité. Aussi, malgré ses cris, sera-t-elle soumise à toutes les opérations du ciseau. Si elle lui reste fidèle encore, si elle se montre toujours généreuse, prête à tout accepter, comment lui épargnerait-il les peines plus vives et plus profitables réservées aux cœurs héroïques ? Ce Père la traitera comme il a traité son Fils, aimant trop cette enfant pour ne pas la combler de ce qu'il a de plus précieux pour elle ! Que devra faire alors cette âme désolée ? Elle devra se dire combien l'aime un Dieu qui se l'unit si étroitement et pour l'éternité [1]..

L'âme ne s'étonnera plus de tout ce qu'on lui demande ; deux grandes ailes l'emportent dans le sein de Dieu : la confiance et le renoncement. Elle doit maintenant comprendre qu'il est urgent de se donner pour acquérir un point de ressemblance avec le Créateur, que notre moi doit être tout amour pour s'unir avec l'Infini. La sainteté, à mesure qu'elle avance, voit sa volonté propre se fondre de plus en plus

[1] Conseils de Mgr Peyramale, d'après M. Henri Lasserre.

avec la volonté de Dieu. Or ce noble abandon ne se fait point sans la douleur.

Pour bien montrer en quoi consiste l'insigne ressemblance, l'Infini, s'incarnant, est venu souffrir près de nous. Eh quoi! l'Infini descend sur la terre pour trouver une croix.. Là, par son expiation, expiation inexprimable, il put en même temps nous enseigner cette similitude, et satisfaire aux grandes lois de l'Infini.

Il faut bien avouer aussi que le Sauveur quitta le Ciel pour préparer, par la douleur, un paradis à son humanité sublime... Il s'immola pour faire connaître à son amour les délices du sacrifice, pour savoir jusqu'où s'étendait cet amour, et, sur la terre, il mourut, puisqu'on ne peut mourir au Ciel..

La loi de l'incarnation, dit un pieux docteur moderne, est une loi de souffrance. Le Sauveur fut l'homme des douleurs : c'est par elles qu'il a racheté le monde. Sa passion ne fut que le dénouement de tout l'ensemble de sa vie. Or cette même loi de souffrance, qui est la sienne, atteint tous ceux qui l'approchent ou qui désirent l'approcher. Les saints-innocents n'étaient pour le Sauveur que des contemporains, et cette ressemblance suffit pour les plonger dans la souffrance et les faire expirer si jeunes dans les bras de leurs mères éplorées : magnifique fortune si promptement et si merveilleusement acquise ! La même loi sera une croix pour Pierre, un glaive pour Paul, des pierres pour Étienne et pour Jacques, un couteau pour Barthélemy, et, pour Jean, l'huile bouillante. Cette loi enveloppa les saints et les martyrs de tous les âges. Une grâce extraordinaire nous vient toujours sous la forme d'une épreuve extraordinaire. Ces grandes grâces sont comme des chaînes de montagnes formées par les soulèvements souterrains de la douleur. Il en a été ainsi pour tous les élus, chacun dans sa mesure.

Mais qu'en sera-t-il, ajoute cet écrivain, de Celle que des saints ont nommée la *Corédemptrice* du monde? L'étendue de ses souffrances mesurera la magnificence de l'amour que lui porte son Fils; et saint Bernardin de Sienne dira que la douleur de la Vierge a été si grande, que, si elle était divisée entre toutes les âmes, celles-ci en périraient immédiatement. C'est pourquoi son amour nous est représenté comme un feu que les eaux les plus abondantes ne pourraient éteindre, et sa gloire près de Dieu, comme dépassant les gloires répandues sur tous les êtres créés. Reine du Ciel, elle devait être traitée ici comme une reine! Exempte de péché, revêtue du soleil, on la dirait soumise à la même loi vivifiante de l'expiation qui a pu obtenir le salut du monde. Elle, qui aurait voulu mourir avec son Fils, fut obligée de prolonger sa vie pendant quinze mortelles années d'un martyre remontant aux sources mêmes de la souffrance [1]. Dieu creusait-il des abîmes en cette âme choisie pour y répandre l'océan de la Félicité ?

Pour nous, si chancelants et si débiles, cherchons notre refuge dans le cœur qui de tous a le plus souffert. Nous sommes si loin des grandes saintetés, qu'elles restent comme incompréhensibles. Et même une douleur proportionnée à nos forces et à nos grâces, mesurée avec indulgence, peut encore nous causer tant d'alarmes, qu'on frémit en songeant à ce que Dieu, dans sa munificence, pourrait demander à notre âme.

Nous tous qui perdons si aisément la paix, et qui ne saurions aller jusqu'au haut des desseins bienfaisants de Dieu, sachons du moins nous abriter, en pleine humilité, dans la pitié qu'il a pour de faibles enfants.. Faisons-le, cependant, sans perdre de vue

[1] Voir le R. P. Faber, *Sources des douleurs de la sainte Vierge.*

cette fermeté paternelle d'un Dieu pris de la soif de posséder ses créatures dans leur sublimité : Dieu cruel à force d'aimer, Dieu à la fois jaloux de sa gloire et brûlant de nous y plonger...

Au cœur du Sauveur est l'abîme d'expiation, et au cœur de la Mère, l'abîme de compassion, où ne peut cesser de puiser l'humanité imparfaite et débile...

Revenons sur ces quelques pas hasardés dans la vie intérieure, c'est-à-dire dans la vie positive : ou bientôt nous serions semblables à celui qui, du bord de la mer, en voudrait sonder les abîmes. Revenons vers le monde extérieur ; examinons encore l'aspect sous lequel la douleur pourra nous apparaître, au point de vue du temps, et les questions qu'elle doit soulever dans les esprits timides ou ombrageux des hommes.

FIN DE LA SECONDE PARTIE.

TROISIÈME PARTIE

CHAPITRE XIX

L'OBJECTION A LA DOULEUR VIENT DU POINT DE VUE DU TEMPS.

Hélas ! nous vivons loin de l'Infini... Le temps, ce brouillard qui voile tout en vue du mérite, nous cache la terre et le Ciel. La Foi nous retient par un lien ; souvent le cœur, en s'éloignant, le brise. L'amour ainsi détaché roulera loin de la lumière. Comment combattre dans les ténèbres?.. On voit des hommes épouvantés par la douleur. Ils disent, car ils n'ont plus en main que le fil de la logique : — Qu'est-ce que la vie ? travailler ! Pourquoi faut-il que je travaille ?

Souffrir ! Alors, pourquoi créer le bonheur ? Pourquoi en faire croître l'idée comme la plus forte pensée de l'homme ? Vivre pour souffrir, pour me désespérer, peut-être pour me perdre moi-même ?. je ne cherchais pas à naître. Créer pour voir naître le mal, et, par une ironie cruelle, charger l'être lui-même de se multiplier dans le malheur ! Quel instinct agit donc à la source des choses ? Et que doit être cette Source en elle-même ? Ne produire que pour détruire ! Détruire, quel mot ! Et quelle tache sur la création, la mort !. Moi qui vis, où peut être maintenant mon désir de vivre ? Dieu, si tu es, tu peux rendre l'homme heureux ; pourquoi ne le fais-tu donc pas ? On ne saurait échapper à cette pensée : Si tu es bon, pourquoi le malheur est-il ? Ne pouvons-nous rentrer tous dans les retraites du néant ? Propager le genre humain, n'est-ce pas propager la mort, et reculer les rivages de la douleur ? Vois ! le fleuve immense de la vie ne fait que charrier mal sur mal ; sous chaque toit coule une larme qui en grossit à tout instant le cours... Si du moins l'homme pouvait se retirer du défilé obscur de l'existence! Mais ton imprévoyance infinie ne laissa même pas cette ressource au mal !...

Telles se montrent les choses à qui n'a point compris le mystère sublime.

En se plaçant au point de vue du temps, il est aisé en effet d'écraser d'objections le fait de la douleur. Mais, dès qu'on songe sérieusement à la chute des anges et à celle de l'homme, on comprend pourquoi Dieu, qui déborde d'amour, n'a pas voulu que des êtres tirés du néant fussent immédiatement introduits dans la Gloire. Pour porter le poids de la Félicité sans exposer en nous l'amour à être aussitôt consumé par l'orgueil, il faut être l'Amour en soi, la bonté infinie, la Perfection première et absolue.

Ah ! plaignons les yeux assez faibles pour

trouver mal ce que Dieu fait. Prenons-y garde : on voit celui qui manque de cœur et ne sait point porter l'existence, dès que la douleur le frappe, se renverser du côté du mal. L'orgueil est comme une pierre au fond de l'âme qui fait ressauter l'instrument divin. Mais si dans l'existence nous voyons Dieu, si à la source de l'être on trouve l'Infini, reconnaissons la légitimité de l'existence !

Voudrait-on renoncer à l'être ? la lâcheté ne serait pas avouable. Certainement l'épreuve est complète, et l'âme n'a pas une place où ne puisse pénétrer la douleur. Mais si l'épreuve n'était pas complète, comment pourrait l'être la joie ? Possédons-nous vraiment notre substance ? Vient-elle de nous ? Est-elle à nous ?. La création est la grande tentative de l'Infini ; il faut nous y prêter ! Qui refuserait de combattre avec le Tout-Puissant ?.. Nous vivrons, puisqu'à toute heure nous pouvons faire quelque chose avec Lui !

Celui qui souffre et qui ne porte pas un

grand cœur, prend vite le parti de l'homme. Il croit établir avec justice la part du bien et du mal. L'humanité, si noble et si infortunée (comment se le dissimuler!) est enchaînée au malheur, et Dieu lui semble bien sévère. A son insu, la rancune prend en lui peu à peu la place de l'amour. — Eh! s'écrie-t-il, cette existence si amère est-elle réellement un bien? Il faut évidemment que le mal un jour disparaisse! Il est vrai que l'homme fait du mal, mais il est clair aussi qu'afin de mériter il devait être libre! et cette liberté est devenue la source du malheur..

La liberté! c'était l'affaire capitale! Dieu ne peut se tromper lui-même.. S'il ne remet à l'homme qu'un simulacre de liberté, il ne lui reviendra qu'un simulacre d'amour. C'est ici la question même de la création!

Doutant toujours de l'excellence de ses destinées, l'homme secoue tristement la tête, et se dit : Peut-être eût-il mieux valu que l'homme ne fût pas ! —Sincèrement, la question n'est-elle plus que là ? Eh bien ! l'Infini l'a résolue ! il a créé ! !. Fils de l'Être, tu perdrais l'espoir ?

Tu ne te confieras donc pas à celui qui sait le nombre des cheveux de ta tête, et qui reçoit tous tes soupirs ? Il t'envoie l'air que tu respires, il prépare le pain que tu manges, il crée pour toi le ciel et la terre, il empêche à chaque seconde que tu ne rentres dans le néant ; et c'est pour t'élever jusqu'à Lui qu'il te distribue des travaux avec autant de tendresse et de soins qu'il en met à te donner l'être.

Pourquoi resterais-tu triste, ô mon âme, et pourquoi te troublerais-tu ? Douter de la valeur de l'être, n'est-ce pas oublier l'Infini ?. Peut-on se considérer sans respect, peut-on se considérer sans amour ? peut-on se faire un jeu du présent radieux de la vie ? L'existence pousse un cri qui efface tout, qui ravit tout, le cri de : Confiance ! !...

« Tu es, dit Gœthe un jour, tiens-toi heureux de cette idée ! »

Oh ! si nous connaissions le don de Dieu ! Toi qui viens du néant, espères-tu mesurer un tel don ? Irais-tu par hasard te refuser au Créateur ? On vient de t'admettre dans le cercle auguste de l'être, l'Infini t'a choisi comme un marbre de prix, et tu ne désirerais pas ardemment entrer dans son merveilleux édifice ? Alors voudrais-tu te montrer indigne de Celui qui t'a jugé capable de porter le don sacré ? Allons ! ne sois plus triste, ô mon âme, et pourquoi te troublerais-tu ?

Entre en hâte dans les projets de l'éternel amour; jette-toi dans ce fleuve qui descend de l'Infini sur la terre, qui traverse les lieux bénis du purgatoire, et qui, chargé du poids des âmes, remonte pour se répandre en Dieu.

L'âme, en entrant au Ciel, poussera un cri d'amour qui fera disparaître, comme une fumée vaine, tous les chagrins qu'elle a connus; un cri de reconnaissance et de joie, dans lequel, si elle était encore ici, elle voudrait mourir.. Or Dieu la tire de cette première extase, qui lui aurait suffi, pour l'introduire dans de tels ravissements, que (les triples portes de l'abîme se fermant derrière elle) tout ce qui l'a peinée sur la terre ne sera pas seulement évanoui, mais changé en d'indicibles joies.

Emportée sur les hauteurs sublimes, il lui semble aussitôt qu'elle les a toujours habitées, et que toutes ses douleurs ont été des délices d'amour. L'éternité se fait en elle, et l'âme croit qu'elle a toujours aussi tendrement aimé Dieu. L'homme mourrait instantanément s'il se doutait de la beauté de Dieu, si seulement il se doutait de celle de l'homme qui entre, par les mérites du Sauveur, dans les embrassements de l'Être ineffable. Ne sois donc plus triste, ô mon âme! et pourquoi me troublerais-tu?

CHAPITRE XX

TROIS OBJECTIONS.

Pour peu que notre foi languisse, nous laissons échapper nos plaintes. Le cœur, alors moins éclairé, voudrait demander compte, à la fois, de l'incertitude où nous sommes de notre rôle ici-bas, des afflictions du juste en face des prospérités du méchant, enfin, des maux qui vont atteindre l'innocent jusque dans le berceau.

Celui qui se croit arrêté dans ses voies, qui envie celles de son frère, qui trouve sa destinée pénible, qui se livre au découragement ou même à l'affliction, oublie sans doute que Dieu travaille à un chef-d'œuvre que nous ne soupçonnons pas. Au-dessus des choses visibles, par delà les beautés du firmament, l'architecte divin construit une merveille, un édifice spirituel, qui doit un jour nous transporter d'allégresse et d'admiration. Or, notre âme et ses œuvres, ses vertus, ses soupirs, ses efforts, ses sacrifices, ses aspirations, ses pensées, comme les diverses situations et les désirs qui la caractérisent, en forment les matériaux. Dieu veut ici faire un tableau qui ne lui représente rien moins que la merveille de l'Infini : et là, chaque âme apporte une forme, un trait, une couleur, une nuance. Chacun de nous est une pierre particulière pour un tel édifice, une couleur spéciale pour ce tableau : édifice idéal construit en pierres lumineuses, tableau dont les couleurs ne paraîtront qu'au Ciel..

Comprends-tu, maintenant, ô mon âme ! vois-tu quel est ton rôle ici-bas, toi qui peux dire que Dieu a besoin de toi, qu'il t'attend, te prépare et te veut telle que tu es, telle du moins qu'il te forme, et telle que tu lui viens du point que tu occupes dans le temps? C'est de toi-même, non d'une autre âme, qu'il entend ici se servir : tu peux seule occuper ta place.. Le peintre amoureux de la merveille qui va resplendir dans le Ciel, te tire de sa palette incomparable. S'il lui faut telle nuance ou telle ombre pour faire ressortir tel ou tel point dans ce tableau, et si tu es cette nuance ou cette ombre, ô mon âme, veux-tu te plaindre d'un tel emploi?

L'herbe se plaindra-t-elle de voir la fleur émailler sa verdure, ou cette fleur gémira-t-elle de ne pas posséder les formes de la rose? Pour décorer la terre, le brin d'herbe est-il moins utile que la lumière? et d'où celle-ci tirerait-elle son éclat, si elle ne pouvait éclairer la nature? Et toi, mon âme, qu'on a dérobée au néant te plaindrastu d'avoir passé d'un aimable désir de l'Infini dans l'éblouissement de l'existence, et d'y prendre la forme qui doit aider à y tracer pour toujours la merveilleuse image? Songes-tu que Dieu recueille en ce moment, hors de Lui et en Lui, les variétés sans fin de la beauté, qu'il les rapproche dans l'union ineffable, où ta joie s'accroîtra de celle de toutes les âmes, elles-mêmes remplies des ravissements de l'Infini!

Eh bien! voudrais-tu encore aspirer aux voies qui te semblent au-dessus de la tienne? Ta mission est toujours la plus haute, puisque aucune autre ne saurait la remplir; et la plus désirable, puisque l'amour te l'a choisie dans son plan divin. Dis-toi bien que Dieu veut se servir de sa pauvre petite créature, toute vide qu'elle est, mais d'autant mieux pénétrée de sa grâce. Sinon, tu manques à son chef-d'œuvre. De quel courage, de quel respect pour toi-même tu dois te sentir agitée! Le Dieu jaloux veut nous ravir à tous notre admiration. Admiration si grande, s'écrie Bossuet, qu'il nous faudra une éternité pour en revenir, et qu'on n'en reviendra jamais.

Dis-toi aussi qu'à côté du méchant qui prospère, le juste souffre pour agrandir son âme, et contenir toute la récompense que la puissance éternelle prépare à un héroïsme qui a pu se former et grandir ici-bas ! Dis-toi que la béatitude pénètre l'âme en proportion des sacrifices qui transforment son moi grossier. Et d'ailleurs, faudrait-il retirer à ce juste le temps de désirer son Dieu ? Le Père veut que toute créature gémisse dans l'attente de Celui qui, mettant tout au comble, va faire pleuvoir les éternelles joies.

Enfin, sache, ô mon âme, que la Providence, dont on a violé les lois, n'est point cause des afflictions qui vont atteindre l'innocent au berceau. Mais vois-tu bien que, par la patience et la résignation inspirées à tant d'innocents, Dieu se prépare en eux des fleurs incomparables pour le jour des manifestations éternelles ? Cette mère, par exemple, se tient penchée depuis longtemps sur un berceau pour épier la première syllabe qui doit la réjouir, lorsqu'un jour elle comprend que ce berceau est muet, que nulle parole ne sortira des lèvres qui lui sourient. Devant ce fils, Rachel ne veut pas être consolée, parce qu'elle ne l'entendra point. Pauvre mère ! quand le Seigneur a guéri l'aveugle-né, penses-tu que sa mère regretta les années que son fils venait de passer sans y voir ? Un jour, aussi, tu tressailliras, lorsque, délivrée de ce monde, tu recevras des mains de Dieu ton enfant plus joyeux et plus beau pour l'Eternité ! Ton âme débordera, parce qu'il aura été préparé en ce fils une telle manifestation de la Gloire.

Et même, lorsque l'homme, après avoir brisé ses lois, disparaît sous ses propres décombres, imprimant à ses fils les marques de la dégradation, ne semble-t-il pas que la Providence veuille, à l'image de la nature, couvrir de telles ruines de lierres et de fleurs? Comme pour lui rendre un aspect qui ne puisse attrister, n'y amène-t-elle pas les soins et la tendresse que l'Église prodigue de ses mains les plus délicates? N'est-ce point par elle que l'enfant abandonné trouve une mère? Et ne fait-elle pas descendre l'étincelle de la lumière dans l'intelligence que le silence laisse endormie? ne va-t-elle pas jusqu'à cette âme au point de la faire tressaillir?

Quelle gloire devra l'Église à ces innocents, qui ont procuré à l'humanité l'honneur de reproduire un attribut de Dieu! Aucune créature ne pouvait offrir une idée des puissances de l'Infini, et ici une de ces puissances, un de ces attributs est tombé à la portée de l'homme, l'attribut de la Providence! Dieu, à coup sûr, par ces infortunés, a voulu voir un jour ce divin attribut reluire sur ses âmes [1]..

[1] Réflexions sublimes sorties des lèvres des abbés Lémann, déclarant à leur tour que ni larmes, ni labeur, ni souffrances ne les détourneront du rôle qui leur est donné, de travailler au salut de leur peuple.

CHAPITRE XXI

L'OBJECTION TIRÉE DE LA CHUTE S'ÉVANOUIT DEVANT LA LIBERTÉ.

Comme la douleur est irrésistible et souvent surabondante, l'homme l'a regardée avec effroi. Il s'est écrié dans son amertume : « Dieu n'aurait-il pu créer de telle sorte que le mal n'eût pas existé ? » — Mais il a bien fallu que Dieu nous créât libres ! Or, la liberté n'est que le pouvoir de faire le bien quand on pourrait faire le mal : et l'homme a voulu faire le mal...

Toutefois la question s'est poursuivie ainsi : « Dieu n'aurait-il pu donner à l'homme une volonté libre également, mais en l'entourant de si pressants secours qu'elle se fût immanquablement portée vers le bien ? »

— Certainement non, puisque l'homme aurait été moins libre, conséquemment moins méritant ! Le degré de notre liberté ici-bas fera dans l'Infini celui de notre gloire.

Notre perpétuelle inquiétude s'est réfugiée dans une dernière observation : « Dieu, dans tous les cas, prévoyait notre chute ! »

— Eh bien, peut-être était-il nécessaire que l'homme fût repris de plus loin.. Dieu avait bien donné un germe de liberté à l'homme ; mais s'il fallait que l'homme déposât cette liberté et qu'il la refît lui-même pour qu'elle fût radicalement libre ? L'enfant ne quitte-t-il pas ses dents de lait pour prendre celles qui viennent avec l'âge ?

La liberté est précisément ce qui ne peut pas se donner : elle existe à la condition d'être acquise. C'est la force qui s'emploie d'elle-même et qui surtout vient d'elle-même. La causalité qui ne sortirait pas de soi ne serait pas causalité. Et d'abord, l'homme n'étant pas, il fallait qu'il fût créé, mais créé précisément avec le pouvoir d'accepter ou de s'approprier sa propre liberté!

Ici, comment ne pas prendre en considération un ordre de faits que Dieu a laissé pénétrer dans la trame de l'existence!

L'Évangile a tenu à nous laisser cette remarque : La première substance du grain doit être comme anéantie pour faire grandir la plante qui portera l'épi. Pour nous, il faut en venir à ce point que tout le créé, tout le sensible, devienne comme rien et fasse place à l'Infini, car tout ce qu'on nous ôte ainsi ajoute à notre gloire. La vie que nous trouvons en naissant n'est-elle pas une vie de péché, une vie empoisonnée ? N'importe-t-il pas que Dieu trouve l'âme toute vide d'elle-même, de ses choix, de ses désirs, de ses forces, de ses inclinations, de toutes ses petitesses? Alors l'Être divin, apparaissant en elle, inonde ce néant magnifique.

Pour avoir sa valeur dans l'Absolu, il était nécessaire que l'homme fût le fruit de ses œuvres, et pour qu'il fût le fruit de ses œuvres, il devait concourir à sa raison d'être. L'homme fut créé en puissance, et il fallait bien qu'il fût créé : ce premier point est le levier des efforts ultérieurs. Mais, créé, cela ne venait pas de lui ; alors ne fallait-il pas que ce premier point fût brisé pour que l'homme le refît? L'artiste brise ainsi la terre qui a donné l'empreinte au moule d'où sa statue va sortir!

Pour produire la liberté, Dieu lui a dit : Sois libre! Car c'est à elle de le devenir pleinement, en tirant d'elle son effort et en puisant sa séve dans la grâce. Pour trouver toute sa grandeur, l'homme ne pouvait naître achevé. Au lieu de nous créer plus, Dieu a dû nous créer le moins possible : là était notre gloire à venir. Et, en dernière analyse, l'homme, par la Chute, est même revenu sur son être et a détruit ce qu'il n'avait pas produit !

De cette manière, une bonne partie de sa liberté lui appartiendra. Le néant n'a pu demander l'être, ni le prendre, ni l'accepter. Mais l'homme a perdu l'être ; alors il l'a redemandé, accepté et repris. Une liberté essayée à ce titre peut sans doute être pesée aux balances de l'Absolu !

Dieu attache à notre liberté une telle importance, que, pour rendre notre mérite entier, il n'a même pas imposé la Foi, la Foi, sans laquelle un homme ne peut rien ! La civilisation, qui est tout sur la terre, dépend également de notre liberté; il faut qu'elle soit inoculée par l'homme. Le navire qui franchit l'Océan ne sait pas ce qu'il porte ! Dieu, dans sa loyale administration du monde, évitant tout ce qui pourrait le trahir à nos regards et entraîner notre assentiment, laisse passer avec art une multitude de faits, derrière lesquels sa Providence se tient absolument cachée. Enfin, il a su éviter de déposer de sa main les individus sur la terre ; tenant à leur montrer qu'ils naissent du vouloir, du mérite et des soins les uns des autres, et que les origines de leur existence se cachent dans les profondeurs de la liberté et de la solidarité humaines. L'unité de chute, comme l'unité de rédemption, se rattache du reste à ce grand mystère de l'être.

Le mal ! Mais sait-on bien ce qui s'opère dans le temps ? Songeons que le mal est un fait ! c'est bien grave, un fait ! avoir percé la maille serrée de l'existence et être entré de force dans l'ordre altier de l'Absolu ! Un poëte met dans la bouche de Satan cette parole, dite avec amertume : « Je suis une partie de cette force qui veut toujours le mal, et qui fait toujours le bien. » Le mal doit-il, comme une flamme, traverser toutes choses pour allumer la vie de la douleur dans ce qui n'est point éternel ? Est-il le sel de ce qui a vie dans les efforts du relatif ? Partout présent, fait-il aussi pour nous le mérite du bien ? On ne sait, on ne sait... Mais les méchants peut-être serviront à la Gloire, quand on saura de quel point il a fallu les ramener. Peut-être rehausseront-ils la joie, quand on verra quelles libertés lourdes et sauvages la grâce a reconduites à Dieu... Il est grand, l'amour de ceux qui aiment dans la douleur !

Nous devrons pénétrer le sens de cette parole inouïe : « Il y aura plus de joie au Ciel pour un seul pécheur qui fait pénitence, que pour quatre-vingt-dix-neuf justes qui *n'ont pas besoin* de pénitence... » Il devient donc bien précieux, ce pécheur ! Il doit l'être, il est vrai, pour celui qui a créé le cœur des mères.

Pourquoi ne déplaît-il pas à Dieu que l'homme ait besoin de pénitence ? Pourquoi tant de glorieux saints, au lieu de devoir leur origine à l'innocence, furent-ils souvent de grands pécheurs? Pourquoi, pourquoi enfin cette parole qui décèle l'Infini : *Ubi abundavit delictum, superabundavit gratia?* Puisque ce pécheur devient si cher à Dieu, il est tel certainement aux yeux d'un père qui ne veut pas perdre un seul de ses fils; mais il est tel, en outre, aux yeux de Celui qui considère de quel abîme remonte le pécheur afin de trouver la lumière! Il est tel aux yeux de Celui qui découvre ici l'occasion d'épancher jusqu'au fond sa miséricorde; mais il est tel aussi pour Celui qui, dans tout effort héroïque, reconnaît là un trait de l'Infini!... L'héroïsme est pour le cœur de Dieu tout aussi doux que l'innocence..

Le saint curé d'Ars a laissé ces douces paroles : Le Sauveur est comme une mère qui porte son enfant sur ses bras. Celui-ci est méchant, il donne des coups de pied à sa mère, il l'égratigne et la mord ; mais la mère n'y prend pas garde, sachant bien que, si elle le laisse aller, il tombera et ne pourra pas marcher seul. De même, le Sauveur, supportant nos violences, a pitié de nous malgré nous..

Le mal, la Chute, et les désolations de quatre mille ans d'esclavage ! Qu'y a-t-il là, que Dieu, pour qui tout est prévu, ne se soit pas arrêté devant la création?.. S'il est permis, faisons encore quelques pas dans cette question délicate et immense.

CHAPITRE XXII

POURQUOI L'HOMME A-T-IL PASSÉ PAR L'ESCLAVAGE ?

Quel homme n'a pas été ému à la pensée de l'esclavage ? et qui n'est pas surpris de voir une telle iniquité à la base des civilisations antiques ? Comment ne pas chercher l'explication d'un fait qui a régné quatre mille ans : les deux tiers de l'histoire de l'homme ? L'historien demande à bon droit si le travail libre n'aurait pas été préférable au travail servile, le travail sans le fouet, à un travail sans gloire et sans consolation.

D'abord, ne nous étonnons point si l'économique, après avoir recueilli les faits, est obligée de remonter dans la morale pour en saisir l'explication ; comme la morale est elle-même obligée de remonter au dogme pour retrouver la théorie définitive. Les hommes ont divisé les sciences; au fond, il n'y en a qu'une : celle qui rattache l'homme aux lois ineffables de l'Être qui l'a constitué.

La civilisation antique n'a pas fait ce qu'elle a voulu : elle a pris la nature humaine telle que la Chute l'a laissée. Les hommes ne délibèrent pas sur la société qu'ils auront ; celle-ci se met au niveau de leur état moral. Au sein de la Gentilité, les vices et l'égoïsme étaient dans toute leur puissance. Aussi n'est-ce point parce que l'esclavage subsistait que le travail n'était pas libre; c'était parce que, en soi, l'homme n'était pas assez libre et refusait de travailler, que l'esclavage subsistait.

C'est ce qui arrive encore de nos jours. Dès qu'on affranchit des esclaves sans préparation, sans qu'ils aient acquis un certain degré de liberté morale, on est forcé de les contraindre même à ramasser la récolte qui doit les nourrir. Ce fait ne cesse de tenir dans l'étonnement ceux qui avaient rêvé avec Rousseau « l'homme né libre, » ou l'état de nature.

Partout on voit l'esclave, d'ailleurs si peu au-dessus du sauvage, préférer, au travail qui le ferait vivre, la volupté et la paresse qui le laissent mourir. Les États-Unis du Sud viennent de jeter sur ce fait une triste lumière. L'organe français de l'Unité américaine a laissé tomber cet aveu : « Tout le bienfait que la race nègre va retirer de l'affranchissement, ce sera de *disparaître* entièrement du sol fécondé depuis deux siècles par ses sueurs. Les esclaves affranchis par le triomphe de l'Union meurent déjà par centaines. »

Pour le nègre affranchi, la liberté consiste à ne rien faire. L'esclavage assurait donc l'existence de l'esclave en le contraignant au travail. En général, là où il y a des esclaves, il faut choisir entre l'esclavage et l'extermination; à moins que l'on n'appelle le Christianisme à son secours. Le procédé de la Révolution a fait de l'affranchissement une douleur nouvelle, et de la liberté un fléau. La Foi, rétablissant en nous la liberté, c'est-à-dire la force morale, peut seule faire acquérir à l'homme assez de cœur pour que, travaillant de lui-même et produisant sa subsistance, il ne soit plus esclave dans l'essence. Quelque odieux que soit le fait de l'esclavage, il en est un plus déplorable encore, c'est l'état de notre nature le rendant, hélas! nécessaire.

On doit comprendre que, sans l'esclavage, la société païenne n'aurait pu subsister. Du travail servile sortit alors la production, et de la production, la population.

Dans quelque condition que naisse un homme, il vaut toujours quelque chose ; mieux vaut qu'il soit que s'il n'était pas. Or, il s'agit ici de nations entières..

Sans l'esclavage, qui l'éleva, qui assura sa subsistance, cet homme n'eût point existé, ni aucun des mérites que la patience et le renoncement ont acquis à cette âme naissante. Hors de la société patriarcale, l'espèce humaine, sans l'esclavage, n'aurait pu se multiplier, ni, dès l'antiquité, se répandre sur toute la terre, ni, moins encore, donner le jour à la civilisation antique. En dehors de ces sociétés policées, dont les conditions de perfectionnement supposaient des esclaves, on ne vit que des peuplades clair-semées, dont la vie était plus misérable encore. Sans esclaves, donc, point d'hommes libres : l'esclavage, qui tenait lieu alors de capital, rendait possible le loisir indispensable au labeur intelligent d'où naissent les classes gouvernantes, sacerdotales, législatives et commerciales, sur lesquelles repose toute société.

Avant le Christianisme, sans l'esclavage, la plus grande partie du genre humain aurait été détruite par la faim, ou plutôt ne serait pas née. « L'homme, s'il est réduit à lui-même, dit le comte de Maistre, est trop méchant pour être libre; » disons aussi, trop paresseux. Le grand écrivain ajoute : « Comment se fait-il qu'avant le Christianisme, l'esclavage ait toujours été considéré comme une pièce nécessaire de l'état politique des nations, sans que le bon sens universel ait senti alors la nécessité de le combattre par les lois et par le raisonnement? Jusqu'à l'époque du Christianisme, l'univers a toujours été couvert d'esclaves; partout le petit nombre mène le grand nombre, car, sans une aristocratie plus ou moins forte, la puissance publique ne suffit point. Le nombre des hommes libres, dans l'antiquité, ne peut être comparé à celui des esclaves. A Rome, qui comptait, sous la fin de la République, 1,200,000 habitants, il y avait à peine 2,000 propriétaires... Mais enfin la loi divine, paraissant sur la terre, s'empara du cœur de l'homme, et le changea d'une manière faite pour exciter l'admiration éternelle de tout véritable observateur. »

Mais c'est en vain que le cœur de l'homme aurait atteint ici plus de douceur et plus d'humanité, s'il n'avait en même temps conquis la force de travailler et de produire sans y être contraint. Alors le changement opéré dans les cœurs excitera doublement l'admiration que les hommes doivent ici au Christianisme!

CHAPITRE XXIII

SOURCE DE L'ÉMANCIPATION DE L'HOMME.

Déjà l'on peut s'apercevoir que le travail servile n'a pas été sans profit ni sans gloire pour les innombrables légions d'âmes qu'il fut appelé à conserver et à former pendant quatre mille ans. Mais là se voient en même temps les abus d'une institution qui, dans le fond, n'est elle-même qu'un abus ; car les hommes, naturellement cupides et méchants, ont voulu l'esclavage pour les profits de l'esclavage. L'esclavage, à coup sûr, n'est pas dans notre essence. « Dieu, dit saint Augustin, n'a point établi la domination de l'homme sur l'homme, mais seulement celle de l'homme sur la brute. » Saint Thomas, ne trouvant ni dans la nature, ni dans la religion la raison de l'esclavage, le déclare « une des suites malheureuses de la faute de l'homme. »

Le pape Alexandre III déclara « que tous les chrétiens devaient être exempts de servitude. » Mais, dès l'origine, la faiblesse de la volonté amena la paresse, mère du dénûment, et la paresse devint la raison d'être de l'esclavage. Rendant à l'homme la liberté morale, c'est-à-dire l'amour du travail et la modération dans les jouissances, le Christianisme pouvait seul faire disparaître l'esclavage.

Aujourd'hui donc que le Christianisme est là, s'il est barbare d'affranchir par décret des esclaves, c'est un devoir de leur procurer l'émancipation véritable en leur portant la religion, qui, rendant à l'homme la liberté intérieure, c'est-à-dire la force morale, lui fait successivement recouvrer les libertés civiles et économiques.

Toute émancipation provient de la vertu, de la force intérieure récupérée par l'homme. Elle naît de ce pouvoir de résister à nos instincts qui nous fait passer sur la peine inhérente au travail ; puis elle se complète par cette modération dans les jouissances d'où résulte le capital, qui achève d'affranchir l'homme de l'oppression où le tiennent à la fois ses semblables et la nature.

Contrairement à la théorie de Rousseau, mais conformément aux faits, l'homme naît esclave de la nature. Il est exposé à la faim, aux maladies, aux intempéries, à des dangers sans nombre ; il est surtout en proie à la paresse, à tous les appétits ; et partout c'est le produit de la vertu, le travail et le capital sous leurs formes diverses, qui le rend à la liberté. Vouloir l'émanciper par un décret serait vouloir, par un décret, le rendre intelligent, moral, modéré dans ses jouissances. Notre liberté ne vient pas d'autrui, mais d'elle-même. Prétendre la donner, serait prouver qu'on en ignore à la fois la nature et le but, positivement divins.

Dans l'établissement du christianisme, l'abolition de l'esclavage fut moins le résultat du capital déjà formé, que du pouvoir moral, alors obtenu pour l'homme, de travailler sans y être contraint. Et ce pouvoir, qui fit tomber les fers de l'esclave, devint lui-même la grande source du capital, qui put permettre alors de se passer de l'esclavage.. Le capital, qui n'est qu'un produit épargné, découle de deux vertus chrétiennes, le travail et la modération dans les jouissances.

Sans le Christianisme, jamais nous n'aurions eu le spectacle d'une société subsistant sans esclaves. Les plus forts ou les plus heureux continueraient de forcer les autres à les nourrir et à se nourrir eux-mêmes. Le fait se reproduit invariablement partout où le Christianisme n'a pu pénétrer encore.

Évidemment, la civilisation fut retardée par le fait du travail servile. Mais ce n'est point ici la civilisation qui a retardé l'homme; c'est l'homme qui a retardé la civilisation. Qui empêchait le travail libre de se substituer à l'autre, ou la vertu de remplacer l'oisiveté s'unissant au vice, puis la justice de remplacer l'iniquité? Qui l'homme peut-il donc accuser, sinon l'homme?

A coup sûr, la loi du travail, imposée par les Commandements de Dieu, n'était pas aussi bien accomplie par le travail servile que par le travail libre. Mais tout imparfait qu'il pouvait être moralement, le travail servile était aussi supérieur à l'absence de travail, que le travail libre est supérieur au travail servile. Si le premier relève de la volonté de l'homme, le dernier relève cette volonté, en reprenant par le pied la nature humaine affaissée. Ainsi, la société antique, fille du travail servile et si supérieure à l'état sauvage, s'éloignait moins des fins du Créateur.

On le voit : en dehors de la tradition divine, sans l'esclavage, la civilisation humaine n'aurait pu commencer. On oublie trop que l'homme n'est point disposé naturellement à remplir ses devoirs.

CHAPITRE XXIV

FINALITÉ DU TRAVAIL ET DE L'HOMME.

Le but final est de conduire l'homme à ses destinées éternelles, où il doit parvenir avec le mérite d'un moi purifié de lui-même, pouvant se donner par amour et devenir « parfait comme le Père céleste est parfait.. »

Si l'homme ne prenait pas ici-bas quelque chose de Dieu, trouverait-il sa joie où Dieu trouve la sienne? Ne serait-il pas dans l'état de l'enfant, qui reste insensible à tout ce que les arts ont de plus beau? Or, comment l'homme pénétrera-t-il dans les joies de l'amour infini, s'il n'est déjà initié au don d'amour, dès lors, s'il n'a préparé son cœur au don de soi par le renoncement, et s'il n'est arrivé au renoncement par la souffrance ?

La création est faite pour amener les âmes à l'amour par cette réduction du moi, et le monde est tout entier disposé dans ce but. A première vue, il semblerait avoir pour objet la justice ; mais cette justice n'est que le commencement de l'amour, comme le travail servile n'était que le commencement du travail libre. Ne faut-il pas commencer par ne pas faire à autrui le mal que nous ne voulons pas qu'on nous fasse, ce qui constitue la justice, avant de faire à autrui le bien que nous voudrions qu'on nous fît, ce qui constitue la charité ? L'amour, qui explique le fait de la création, explique donc toute l'histoire. L'amour explique la vie de l'Infini ; l'amour est la loi des rapports de notre âme avec Dieu ; l'amour constitue la perfection de l'homme, celle de la société, et celle de cette vie future que l'homme attend d'une grâce inouïe..

Pour en revenir au travail libre, on voit qu'il donne à l'âme la supériorité de la souffrance désirée sur la souffrance acceptée, ou, si l'on veut, du saint, qui s'expose avec amour aux peines de la vie, sur l'homme qui les supporte avec résignation. Mais, comme les cœurs ne sont pas assez généreux pour s'imposer d'abord le renoncement, Dieu, qui travaille à sauver le grand nombre, a permis la douleur, qui lui amène, par cette voie de la souffrance plus ou moins acceptée, une si grande quantité d'âmes. Le travail servile mit dans l'âme du pauvre esclave cette vertu du renoncement, au-devant de laquelle il n'aurait point su aller de lui-même. Il faut que toute l'Antiquité s'explique, et elle s'explique de la sorte...

Pauvre Antiquité! si elle fut une des punitions de la Chute, la frayeur de la mort et la faim furent les punitions dont Dieu l'a frappée. « C'est cette frayeur, dit saint Paul aux Hébreux, qui pendant leur vie tenait les anciens dans une continuelle servitude. » La vie, que le mensonge des poëtes leur peignait si sereine, n'était pour eux qu'une descente vers la mort ; et la terre, déclarée si belle, qu'une tombe toujours ouverte et pour toujours scellée. Par l'universalité du suicide autant que par l'esclavage, on jugera des angoisses qui dévoraient l'Antiquité!

On a vu la nécessité du travail au point de vue économique. Au point de vue éternel, la question est donc plus grave encore : le travail, ou l'effort sur soi, a reconstruit l'homme intérieur! il a rétabli, dans le genre humain, la volonté détendue par la Chute. C'est pour cela qu'il fallait immédiatement appliquer la loi du travail à l'homme, en attendant qu'il devînt par lui-même plus capable de la réaliser! Et le travail servile fut, pour la nature humaine affaiblie, le premier pas vers le travail moralement libérateur.

Le Christianisme ne fut pas offert à l'Antiquité, qui, sans doute, ne l'aurait pas reçu. Déjà l'homme refusait le travail qui exige un effort extérieur; comment aurait-il accepté le travail qui exige un effort intérieur, c'est-à-dire la vertu? Or l'esclavage fut pour les âmes, chose sublime! comme un christianisme extérieur, qui préparait ingénieusement, dans la volonté révoltée, certains effets du christianisme véritable. Au moment de mourir, l'esclave rencontrait en lui les deux vertus appelées par la Grâce pour nous détacher du moi et nous rapprocher de la sainteté, savoir: l'humilité et le renoncement... Il faut bien que ces quatre mille ans d'antiquité s'expliquent à la clarté divine! Il faut bien qu'ils aient constitué une préparation!

Est-ce à dire que l'Antiquité se sauvait

ainsi sans la Grâce ? — Bien au contraire, puisque Dieu, par un art inouï, nourrissant l'homme dans la patience, que saint Grégoire appelle « la racine de toutes les vertus, » le préparait à recevoir plus aisément et plus abondamment la Grâce. Si quatre mille ans ont préparé le genre humain au travail libre, dès le principe les peines si ingénieuses de la vie n'ont-elles pas préparé l'individu à la grâce justificatrice ?

Saint Cyprien nous déclare que « la patience conduit à tout, s'étend à tout. » On voit saint Jacques, Tertullien et Bède attribuer à la patience les effets que saint Paul attribue à la charité, « car celle-ci ne souffre tous les maux que parce qu'elle est patiente. » Saint Augustin va jusqu'à dire que « Dieu, qui ne peut souffrir, ne voulant pas que la patience manquât à sa gloire, a voulu réparer le monde en souffrant ; qu'il est plus glorieux à Dieu de pouvoir souffrir que de pouvoir agir ; que la patience, alors, changeant de condition depuis que Dieu l'a unie à sa nature, n'est plus une qualité *servile*, mais une vertu royale, céleste et divine ! »

L'esclavage fut une école de patience, de soumission, d'abnégation, d'humilité. L'orgueil seul empêche la Grâce de pénétrer dans l'âme, et c'est l'humilité, ôtant l'obstacle, qui l'y laisse entrer. Or l'homme antique trouvait dans l'esclavage comme un traitement obligé de patience et de résignation, qui le rapprochait du renoncement, suprême vertu de l'âme et fin morale du Christianisme. — Cependant ces raisons[1], loin de constituer

---

[1] Sans la Chute, l'esclavage n'aurait pas existé... On déclara l'esclave fait pour l'utilité d'autrui : rude école pour amener des légions d'âmes à exister, non pour elles, mais pour Celui qui leur réserve le bonheur!

Or, parce qu'il apportait sur la terre le service véritable que l'âme doit à Dieu, et parce qu'il rétablissait pour l'homme les droits de la famille, le Christianisme ne pouvait souffrir l'esclavage. Il l'abolissait à mesure que les âmes se montraient capables de se livrer au travail libre et de se soumettre au joug intérieur.

un droit à l'esclavage, ne font qu'indiquer pourquoi, vu l'état de la nature humaine, et dans son intérêt, Dieu a toléré si longtemps l'esclavage au sein des peuples.

Les esclaves, dès lors, devaient-ils tous être sauvés? — Tous au moins rentraient dans la meilleure position pour l'être.. Dieu plaça les anciens dans les conditions de salut qui leur étaient propres, comme il y place amplement aujourd'hui les peuples modernes, quoique tous les hommes n'en profitent pas. Dieu nous mène aussi haut qu'il peut : c'est l'homme qui se refuse et qui s'arrête.

CHAPITRE XXV

LA GRANDE LOI DE CE MONDE EST CELLE DE
LA FORMATION DES AMES.

La société païenne se vit soumise à la nécessité du travail servile, parce qu'elle ne savait trouver plus haut ses conditions d'existence. Les hommes n'auraient pas eu besoin d'y recourir s'ils avaient été meilleurs : les uns, en travaillant d'eux-mêmes, puis en consommant moins qu'ils ne produisaient, et les autres, en traitant la nature humaine avec les égards auxquels elle a constamment droit.

Ces deux choses, il est vrai, ne pouvaient

leur venir que du Christianisme. Ce sont les égards ineffables de Dieu envers nous qui nous ont révélé la valeur de l'homme. Ne nous prévalons donc pas d'idées que, pendant quatre mille ans, nous n'avons pas même su prévoir! Trop enclins, d'abord à la paresse, ensuite à l'injustice, nous ne pouvions être maintenus en société que par des hommes forts dont la cupidité nous contraignait, d'abord à travailler, pour que tous fussent nourris, puis à rester soumis, pour que tous fussent en paix. Hors de cela, presque tous les hommes eussent péri dans cet état sauvage qui ramène la population aux limites fixées par les fruits spontanés du sol.

Or, à la moindre organisation du travail correspond une production; à cette production, un plus grand nombre d'hommes. Le travail servile vaut donc mieux que l'extermination, l'esclavage que l'état sauvage.. D'autant plus que les esclaves donnèrent naissance à un commencement de capital et de civilisation qui permit plus tard d'abolir l'esclavage. Évidemment le travail libre est celui qui accomplit dans sa perfection la loi du Créateur ; mais il n'est pas absolument le seul, puisque, pendant l'Antiquité, Dieu put former et élever tant d'âmes à l'aide du travail servile.

Que notre humanité s'estime heureuse, non-seulement d'être entrée en civilisation, lorsque son poids l'entraînait dans l'état sauvage, mais de voir que, sans s'élever encore au travail libre, des âmes ont pu faire leurs premiers pas en s'approchant de Dieu ! Il n'était pas plus possible aux anciens de changer leur civilisation sans une transformation morale, qu'à nous d'améliorer la nôtre sans un progrès des âmes dans le Christianisme.

Ne croyons pas non plus nous-mêmes faire passer les peuples modernes du travail libre et individuel de la propriété privée à l'association avec le capital, ni, moins encore, à la propriété collective. On vit, en 1848, des ouvriers, réfugiés chez leurs parents dans la campagne, prendre la pioche pour arracher les haies et confondre les héritages. On allait, suivant eux, cultiver les terres en commun ! Il faudrait pour cela que l'homme, exempt des suites de la Chute, eût une charité qui dépassât son égoïsme. Déjà l'intérêt personnel ne suffit pas pour faire travailler tous les hommes; puisqu'on trouve, dans l'Antiquité l'esclavage, et de nos jours la mendicité.

La propriété collective ne peut effectivement exister que pour ceux qui ont placé l'amour de Dieu avant leur propre amour, comme dans les Ordres religieux. Et la propriété personnelle, fondement de nos sociétés et apanage de la moralité, indique justement le niveau de l'état de nos cœurs. Prétendre que, par une loi, on conduirait les masses, du travail personnel et salarié au travail en commun inspiré par la charité, c'est ignorer l'état de la nature humaine et les voies si étroites sur lesquelles Dieu parvient à la faire avancer.

Mais, d'ailleurs, que nos voies sont belles! Quoi! pour nous, travailler et exister sont une même chose, sur un globe qui ne cède les subsistances qu'en raison du travail! Quoi! l'homme concourt à son existence et se doit sa grandeur! Chose admirable, avant de conduire nos âmes à ce renoncement qui les consomme dans l'amour, il fallait bien les tirer d'abord de leur moi, en leur imposant cette loi du travail, non-seulement pour la punition, mais surtout pour la formation glorieuse de notre essence appelée à la liberté.. Aussi, après la Chute, Dieu rendit la terre plus rebelle, afin que l'homme, par plus d'efforts, pût recouvrer et rétablir sa liberté morale plus restreinte et sa volonté détendue.

Profonde loi métaphysique ! obliger l'homme à grandir s'il veut subsister. Qui verrait sans admiration la trame de ce monde ? L'homme est tiré du néant, et en quelque sorte y retombe. Dieu aussitôt l'en retire, mais ne veut pas tout faire, de crainte qu'il ne retombe encore. Dieu entend que l'homme fasse des efforts pour s'élever. Ici le mérite est l'apport de l'homme dans sa création.. Et c'est à quoi Dieu tient le plus ; c'est pour cette moisson qu'il fait les semailles de la Grâce. Il veut que notre âme concoure à sa vie d'immortalité, et que là soit, non-seulement le titre, mais l'un des motifs de sa gloire dans l'Infini.

Combien les hommes loueront Dieu d'avoir si ingénieusement donné occasion au mérite, par cette loi du travail qui n'a cessé de s'accomplir sur la terre ! Les saints le béniront de les avoir conduits dans ces sentiers de la douleur, qui, par la purification du moi, les amènent si près de Lui.

Si les hommes pouvaient entrevoir les choses à la clarté du Christianisme, ils boiraient la joie dans leurs larmes ! S'ils venaient à bien comprendre la Foi (et ils la comprendront peut-être à la lumière des faits économiques, plus immédiats que les faits de l'histoire), ils seraient éblouis de la bonté de Dieu, de la noblesse de cette création..

Tout s'explique à la clarté divine : théologie, politique, morale, économique. La création entière surprend sa raison d'être dans une seule vérité : l'amour que Dieu a pour les hommes ! Interrogeons dès lors ce fait terrible de la Chute, qui semble avoir fait vaciller la terre...

CHAPITRE XXVI

POURQUOI DIEU PERMIT NOTRE CHUTE.

Dieu créa l'homme afin qu'un être magnifique, entrant dans sa société, vînt lui offrir un noble amour. Et Dieu voulut que cet être fût issu de sa grâce, c'est-à-dire de son propre sang. Quelle âme il a donnée à l'homme!!. Il a fallu que la douleur, ouvrant dans ce cœur des abîmes, reculât les bornes de l'être devant ce Titan immortel. Ici, la mesure de l'effort deviendra celle de la liberté; et la liberté de cette âme, son angle ouvert dans l'Infini...

La liberté ne sera pas uniquement un don ; elle sera aussi par elle-même, à l'image de Dieu ! Si l'Infini avait pu se répéter hors de soi, Dieu n'aurait pas eu recours à un mode de création. Toutefois, en créant l'homme entièrement, Dieu l'eût jeté dans une condition toute contraire à l'Absolu. Convoquée pour l'immortalité, l'âme devait tenir de son acte ce qu'elle ne pouvait tenir de son être ! O miracle de la création ! il fallait à l'ami de Dieu un motif réel à la Gloire. Ne pouvant se devoir sa substance, l'homme se devra en quelque sorte sa personne !

De là, Dieu nous créa le moins possible. Il diminua en nous la nature, pour faire s'il se peut plus de place à la Grâce. Et, s'il est permis de s'exprimer ainsi, l'homme devait être créé d'autant moins que, s'il revenait sur son être pour détruire ce à quoi il n'avait pas coopéré, la Chute, qui devait porter le coup douloureux, allait ouvrir plus haut dans l'amour une source encore plus abondante. C'est à ce point qu'un saint, à l'aspect de l'acte de la Miséricorde, ne put s'empêcher de crier : *O felix culpa !* Comment le nier ? Dieu a souffert la Chute : il y a bien à réfléchir sur un fait qui entre dans les vues du Ciel et dans les destinées de la terre !

Mais ceux qui n'aperçoivent dans la Chute que le mal et la douleur, pensent qu'au lieu de créer l'homme à portée de faillir, Dieu aurait bien pu le rendre aussi grand que les anges, et surtout plus heureux ici-bas ! L'homme plus heureux, il leur semble que tout serait dit...

Si, d'une part, l'homme recevait autant de lumière que l'ange, si, d'autre part, il ne portait pas la douleur, son péché serait bien plus grave, et son amour, alors moins éprouvé, aurait bien moins de prix. Mais si, tout à la fois, avec moins de lumière et une épreuve plus amère, l'homme s'élève au même amour que l'ange, sa position ne devient-elle pas en ce point supérieure ?

Il est rare qu'on ne fasse pas la méprise de mettre sur le compte de Dieu tous les inconvénients du relatif, conséquemment toutes les difficultés qui tenaient à une création. Au commencement, on l'oublie, l'Infini seul devait exister ; déjà il a fallu en braver les conditions éternelles pour qu'en dehors un nouvel être fût admis à l'existence, surtout un être dont les actes débiles ont une portée dans l'Absolu! Élevons nos regards pour comprendre les attentions de l'Infini!

Et d'abord, Dieu n'a pas dû nous créer immédiatement dans le bonheur et dans la Gloire, comme le demandent avec l'empressement de l'ignorance tant d'hommes égoïstes et avides de jouir. Les Intelligences célestes, qu'il avait par bonté créées plus près de cet état, ont pu devenir la proie d'un orgueil si complet, que leur chute reste irrémédiable.

Bossuet le remarque : « Dieu, avant toute autre nature, en avait fait une qui était la plus belle et la plus parfaite de toutes ; et, dans cette nature, il s'était comme délecté à faire un ange plus excellent et plus parfait que les autres. » « Ange malheureux, dit alors Isaïe, qui êtes comparé, à cause de vos lumières, à l'étoile du matin, comment êtes-vous tombé du ciel ? » *A cause de vos lumières !* sujet profond de méditations sur la manière dont l'homme, dans son intérêt, devait être créé et placé sur la terre...

Car l'homme fut même, à ce qu'il paraît, créé trop près encore de l'état de l'ange, puisqu'il donna aussitôt prise à un si fort orgueil. Le Dante a dit ce mot d'Adam :
« L'homme qui ne naquit pas en se damnant damna toute sa race ! »

L'orgueil naîtra toujours de la sottise de celui qui ne sait point ce qu'a coûté son existence, et de la faiblesse de celui qui n'a point concouru de lui-même à ce qu'il faut d'amour et de volonté pour constituer une âme. On lance à tout instant le mot de liberté, il faudrait en comprendre le sens !

Pour devenir soi-même quelque chose de grand, il faut s'être commencé faible. Le propre de la liberté est d'être son ancêtre. L'humilité est la force de ce qui est libre. On le voit même ici-bas pour la fortune, pour le génie, pour la vertu. Les pierres de la base sont les plus lourdes à remuer. Celui qui a posé les fondements de son être, seul en verra la perfection. L'amour doit naître de lui-même, et c'est bien là son mérite. Il faut qu'il ait été créé le plus petit; c'est la condition pour qu'il s'élève un jour dans l'Infini. Pénétrons avec cette pensée les origines inconnues...

N'est-on pas frappé de voir dans les Écritures deux jugements inexorables? Le jugement qui fixe le sort dont les Esprits célestes n'ont pu se relever jette un jour sinistre sur les premiers plans de la création ; et celui qu'en dernier lieu l'Évangile a porté contre les riches de la terre, projette jusque sur le plan où nous sommes une lueur qui épouvante. Dieu se voit donc amené à limiter d'abord ses créatures, afin de laisser faire le plus possible à leur liberté. Ce qu'il y a de plus solide en l'homme est ce qu'elle a fondé.

Et l'Infini, au lieu de nous donner l'être achevé, trouvera dans sa grâce un moyen de nous aider à nous construire.

La bonté de Dieu s'est arrêtée bien à temps.. Parmi nous, ce sont ceux à qui il a donné le plus qui font le moins. Observez l'homme jeune et robuste ou le riche sans Foi ! ne cherchent-ils pas à éviter toute peine, même lorsqu'il faudrait louer Dieu ! Cette frayeur de la douleur et de la peine leur fait souvent redescendre l'échelle que les ancêtres avaient gravie. La fortune tombe des mains qui fuient la fatigue, et, ainsi que l'intelligence, elle échappe aux enfants qui dégénèrent dans une éducation sans vigueur. C'est toujours le plus humble qui travaille, le plus simple qui s'élève, et l'être faible qui songe le premier à aimer.

Qui oublierait que Caïn, le premier-né d'Adam, fut peut-être engendré au paradis terrestre ? Dieu n'a pu suivre sa bonté.. Ici, plus son amour s'avance en nous, plus notre orgueil augmente, et moins notre liberté a de place. La grâce ne verdit en sûreté que sur la tige où cette liberté, qu'elle anime, envoie toute sa séve. Dans l'enivrement des dons de la nature, l'âme s'enfle et puis succombe, parce que la liberté n'a fait encore aucun effort. Le Sauveur dit d'amener au repas de noces les estropiés, les aveugles et les boiteux, ajoutant : « Je vous déclare qu'aucun de ceux que j'avais invités ne sera de mon souper.. » La Genèse insinue que les motifs du déluge furent fournis par les Géants, « race redoutable et renommée dans les anciens jours. » Dieu dit : « J'ôterai de la surface de la terre *l'homme que j'ai créé*, et les jours de l'homme ne seront plus que de cent vingt ans. »

La créature doit être réduite à son germe. Hors de l'Infini, tout don devient une proie à l'orgueil. Même après notre création, le Ciel le vit avec douleur, l'amour, l'amour avait encore trop accordé; il fallut de nouveau que le Créateur fît moins, et l'homme davantage : Dieu jugea le déluge nécessaire... Pour la troisième fois le créé fut ramené plus près du néant.

CHAPITRE XXVII

PENSÉE DIVINE QUE LA CHUTE DÉVOILE.

L'homme, il est vrai, ne devrait pas oser parler de la Chute. Réfléchira-t-il sans effroi aux maux qu'elle a causés, mais surtout à l'ingratitude avec laquelle il abandonna Dieu ? Et cependant, ne doit-on voir qu'un accident inopiné dans un fait qui put aussitôt devenir le point de départ et la grande donnée d'un monde ?

Au début, l'âme, sans doute, devait être beaucoup moins homme, beaucoup plus ange, pour préparer ainsi la transition entre la création antérieure et l'état où nous sommes. Mais l'être naissant n'a pas su garder cette place.. Alors, avec la rédemption, l'homme entrera dans un ordre nouveau, qui va prendre des proportions immenses. L'amour au fond le savait bien. Mais un Dieu de bonté et d'audace a voulu laisser faire notre liberté ! Il l'a voulu pour voir jusqu'où pourrait monter notre grandeur, et surtout jusqu'où allait se dilater la miséricorde infinie !

Par la douleur, par le martyre, quelques hommes pourront s'élever plus haut dans l'être en arrivant à plus d'amour, et Dieu lui-même, par la Miséricorde, fera venir de plus haut la source dont il veut les former. Mais Dieu aura des amertumes, car il va prendre sur lui des fautes que l'homme va si aveuglément et si témérairement commettre... Et qui sait? Dieu voudrait-il ici montrer jusqu'où peut aller son amour...

Certainement, la création donnait la preuve de l'amour, mais elle n'en laissait pas voir toute la profondeur. Le Trois-fois-Saint rêvait sans doute un être à qui il pût en exprimer la plénitude et en faire sonder les douceurs, comme s'il eût voulu se rendre ce compte à lui-même... Il était allé prendre l'homme au néant ; il va descendre encore plus bas, pour le retirer du péché ! Et notre âme est si chère à Dieu, qu'il se décide à livrer au monde son FILS, afin de faire « surabonder la grâce » où voudrait abonder la mort.

Pour pouvoir se livrer à toute sa miséricorde, Celui qui désormais n'agit que par excès d'amour, donnera donc toute latitude à notre liberté, en s'offrant pour la relever de toutes ses chutes ! L'homme qui tombe pourra-t-il se relever avec plus de gloire ? l'homme qui ceint la douleur pourra-t-il entrer plus avant dans les béatitudes, et l'Église, qui va réparer la nature, le fera-t-elle avec plus de perfection ? C'est là tout ce qui paraît préoccuper un tel amour. Car la Miséricorde va faire tous les frais de la générosité sans pareille...

Une telle liberté remet l'homme tout à faire. La création l'a commencé; il faut ici que l'âme reprenne son commencement. On oserait presque le dire : il faut dès le début que sa nature TOMBE; il ne doit être composé que de grâce et de liberté !

Homme ! ne t'étonne plus de l'ardente continuité du travail ! Il importe que ta liberté revienne sans cesse sur elle-même ; il faut qu'elle ait tout vu, tout repassé ; qu'elle ait repris les avances que Dieu a faites, puisque tout croule dès que le mérite acquis n'est point là. Mais plus elle agrandit ton âme, plus elle ouvre le vase d'or où la grâce peut, cette fois, se répandre au gré de l'amour infini !

Voilà donc pourquoi le Christianisme, cette merveille du monde, veut réduire en nous tout un côté de la nature ! Que je comprends bien aujourd'hui pourquoi il fut la religion de la douleur en même temps que de l'amour! Que je comprends bien aujourd'hui pourquoi la sainte Église prêcha toujours la pénitence, le renoncement, l'abandon! Fille du Ciel, gloire à toi, qui as mis la liberté dans mes veines!

Voilà bien les profits que l'homme pourra retirer de la Chute. Mais quels profits peut en tirer la nature divine? Eh bien! l'état de rédemption n'a-t-il pas vu surgir un essaim de vertus qui fussent restées inconnues de l'état d'innocence? En celui-ci, la patience, le repentir, la pénitence, le dévouement, l'apostolat, la virginité, le martyre, et toutes les merveilles de l'état religieux ne fussent pas venus réjouir le cœur du Trois-fois-Saint. Des légions de saints, tous nés dans une chair infime, réjouiront ce cœur, étonneront les cieux eux-mêmes par des prodiges d'héroïsme et d'abnégation... Les théologiens n'ont-ils pas affirmé que les martyrs, les vierges et les docteurs sont revêtus au Ciel d'une gloire si grande, que leur éclat reluit au milieu même des chœurs des anges? Sans la rédemption, savons-nous en outre si la Reine immaculée des anges et des saints serait issue de notre chair?..

— Mais de tels profits, on le voit, sont encore recueillis par la nature humaine...

Toutefois, Dieu voulut créer l'homme bien, c'est-à-dire en pouvoir de ne pas pécher. Après cela, il appartenait à l'homme, assez faible pour se laisser choir jusque vers ses racines, de se reprendre en sous-œuvre dans le tréfonds de la douleur. Mais alors la tige brisée, la plante couchée à terre va repousser en tirant désormais sa sève de la miséricorde et de la grâce. De cette manière, c'est l'homme qui a accepté le genre d'épreuve que la douleur impose, en même temps qu'il est entré dans les fins dont elle accroîtra ses mérites. Dieu fit l'homme, l'homme fit le mal, personne ne fit la douleur : elle naquit de l'infirmité ou de l'indignité propre à l'être créé, qu'un amour inouï appelle à l'existence incomparable..

Aussi Dieu toléra la douleur, soit pour déterminer cet effort de patience qui agrandit ici-bas les âmes, soit pour abattre leur orgueil par des anéantissements successifs, soit enfin pour leur épargner la douleur, plus tard inévitable, qu'encourt une brutalité qui sera éprouvée à la flamme de la Perfection éternelle..

Ne croirait-on pas alors que la Chute a été comme laissée à la libre disposition de l'homme? Aussi la Rédemption fut dite, en quelque sorte, contemporaine de la Chute; car, aussitôt après celle-ci, la réparation fut entreprise et commencée par les promesses de Dieu et par la Foi en de telles promesses.

Assurément, dans l'ordre créé pour

Adam, au lieu d'aller du mal au bien par des efforts quelquefois héroïques, l'homme pouvait, par une action plus angélique, aller paisiblement du bien au mieux. Mais nous savons combien il fut loin de le faire, puisque du premier mouvement il est si vite allé du bien au mal.. Hélas! on voit à qui Dieu a affaire quand il se trouve en face du créé!

Alors apparaît à la fois tantôt la juste punition d'une faute qui pouvait à jamais perdre l'homme, tantôt la générosité envers une créature à laquelle la miséricorde ne refusera rien pour l'orner d'un mérite plus grand aux yeux de l'Infini. Ici, l'âme ne sait ce qu'il faut le plus admirer et bénir, ou de la sollicitude courroucée autant qu'attendrie du cœur divin, ou de la confiance magnanime qu'il fonde en la surabondance du don et du pardon qu'il désire accorder! confiance et sollicitude auxquelles nul sentiment, nul amour, en aucun temps, en aucun lieu, ne saurait être comparé.

Dans tous les cas, avouons-le à notre honte, c'est l'homme qui s'est mis dans la nécessité de reprendre son être de plus loin, et Dieu seul a montré une générosité ineffable... Que l'homme le comprenne bien ! sans la miséricorde, tout croulait dans la mort.

Les Cieux voulurent donc secourir ce fils de l'Être, en ouvrant une source d'amour plus profonde que celle même d'où sortit la création. O FELIX CULPA ! c'est le chant que l'Église répète désormais dans ses hymnes de fête.. Après les titres qui nous viennent de Dieu, de nouveaux titres de noblesse viendront-ils donc des droits nouveaux de la douleur ?

Courage ! puisque l'homme est tenu de se créer une vie nouvelle à l'aide de sa vie même ! La douleur décomposera la première matière, qui est l'orgueil. Le créé doit en quelque sorte disparaître ; il n'est qu'une première mise de fonds.. « Dieu, nous dit l'hymne de la Pentecôte, nous a sauvés en nous faisant *renaître*, en nous renouvelant par l'Esprit-Saint. » Dans l'Infini la substance est d'elle-même, le Verbe ne fut point créé ! Eh quoi ! il vient encore emprunter notre propre nature pour nous enter sur les mérites de la sienne.. quelle essence Dieu a-t-il donc rêvée dans les Cieux ?. Mais aussi, avons-nous sondé cette parole dite à l'homme : Mon Fils ! Parole qui ne fut peut-être pas dite à l'ange! Et d'ailleurs, ce n'est pas avec l'ange qu'il a voulu, qu'il a daigné associer sa sublime nature : *Nusquam angelos, sed semen Abrahæ apprehendit !* Non, nous ne savons pas ce que c'est que la douleur. Le travail prépare ici-bas un être qui, plus sublime en ce point que l'ange, marchera vers le terme de sa perfection, sans tomber d'un seul coup et pour jamais du seuil de l'Infini !

Concevons donc pourquoi Dieu, tout en prévoyant notre chute, ne s'est point arrêté devant la création! Encore ne savons-nous pas les conséquences que l'Infini, dans son système immense, va rattacher à la seule liberté de l'homme; encore n'avons-nous pas vu la portée des mérites enfermés dans le mystère de la douleur! car la question est moins encore sur la douleur que sur la quantité dont l'âme en peut être abreuvée...

CHAPITRE XXVIII

GRANDE QUESTION SUR LA DOULEUR.

Cherchez un empire ici-bas plus sûrement fondé que celui de la douleur. L'homme a ébranlé bien des choses, mis fin à de puissants règnes, renversé de formidables lois ; il n'a rien pu contre l'empire de la douleur. Depuis six mille ans il a tout essayé pour échapper à sa domination ; il a traversé les temps, quitté les lieux, passé sous de nombreuses civilisations : les temps et les civilisations ont été remplis de ses larmes, et ses larmes sont encore le tribut le plus sûr qu'il puisse offrir à l'avenir.

Roi de la nature, tu n'es donc pas le roi de la douleur! Elle te reçoit encore aux portes de la vie et te dépose dans le berceau; elle te conduit au dernier pas et te referme dans la tombe. Que dis-tu de sa fidélité ? Elle n'attend point que les eaux amères découlent des événements, elle en a d'avance placé les sources sur tout le chemin de la vie. Tu sais que tu es appelé à pleurer ton père, à pleurer ta mère, tes amis, souvent ta femme et tes propres enfants, en attendant que la mort vienne sécher tes larmes! Car la mort, à ce point généreuse, a soin d'arriver quand la douleur n'a plus de prise sur toi...

Telle est l'existence humaine, si vous en convenez ! Comparons-la avec sa source, avec l'existence infinie ! Dieu peut-il créer un être pour qu'il pleure? La douleur est une contradiction inouïe : l'être n'a que des habitudes de félicité. Si donc un fait aussi étrange se trouve dans l'œuvre de l'Infini, au cœur même de la création, ce doit être pour un motif d'une portée incalculable! Dans l'être, la douleur! le créé peut-il donc entraîner cette différence?

Une chose encore. L'homme est, certes, étrangement mauvais, puisqu'il n'a fait le mal que par manque d'amour. Or, bien qu'il soit dur de le louer, sachons une fois ce que c'est que l'homme, cet être à qui Dieu dit : Mon fils!

Au milieu de l'amour et des plénitudes du beau, Dieu agit dans un enivrement infini, et la plus inaccessible de ses perfections n'est que l'acte le plus simple de sa divine nature. Mais l'homme? être, et séparé de l'Infini! âme, et privée du bonheur! Puis, emporté loin de Dieu, dans les déserts du relatif, et laissé là au milieu de la nuit. La nature, qui, pour laisser voir sa beauté, lui demande un acte de génie, est sourde, muette, ingrate, et, conduisant le rôle jusqu'au bout, elle devient barbare, homicide dès qu'elle le surprend sans défense. Lui, sans témoin visible, pauvre ciron presque écrasé sous la douleur qu'il ne comprend pas, il a encore un regard pour chercher le beau, et une conscience qui tressaille en découvrant le bien ! Jamais il n'a vu Dieu, et il l'appelle.. il se lève.. et roule le rocher de la vertu pour arriver jusqu'à lui ! Oh ! l'homme, attiré par la Miséricorde, ne peut voir combien il est sublime. Dieu, au sein de la gloire, est en admiration devant ce que fait l'homme, au sein de la douleur.. Infini ! Infini ! quel que soit ton concours, réjouis-toi si un seul homme, dans les ténèbres du fini, a su retrouver ton sentier !

Le christianisme nous a-t-il dit son dernier mot?. La grâce, il est vrai, couvant nos âmes sous ses ailes, les presse à tout instant d'éclore pour l'Infini. Leur mérite est d'aller, un bandeau sur les yeux, où elle les invite à se rendre. Et cependant, « si l'apôtre saint Paul, s'écrie Bossuet, a déclaré que le fidèle est un spectacle au monde et aux anges, » nous pouvons ajouter qu'il devient sans doute un spectacle à Dieu même. Notre mérite n'a tant de prix à ses yeux que parce que l'homme y est pour quelque chose; aussi Dieu voulut-il s'imposer la consigne de ne pas entrer dans le temps, du moins d'une façon visible, pour ne pas déflorer le mérite immense que recèle la Foi..

Si les choses étaient telles qu'on les voit de la terre, Dieu lui-même serait découragé de la création. Des millions de sauvages, de criminels, de cœurs grossiers, d'hommes injustes et durs entrent-ils donc dans les chemins de la Lumière? Montons chez les plus civilisées des nations, la mortelle tiédeur de leurs âmes les mûrit-elle pour l'Infini? C'est Dieu qui a créé le monde, et c'est lui qu'on aime le moins! A peine voit-on quelques saints non douteux sur la route immortelle; la multitude semble en dehors.. Où s'accomplit la création?

Mais voit-on bien l'homme ici-bas? La colonne d'air qui pèse sur le corps humain dérobe à l'œil les deux tiers de la force employée dans ses mouvements. Ainsi l'atmosphère que cette vie fait peser sur nos âmes, dérobe la puissance que la plus faible d'entre elles déploierait tout à coup vers le bien, si elle était transportée près de l'Infini. Et celle qui grandit éprouve la pression de plus d'une atmosphère. En sorte que la volonté, ayant toujours le même obstacle, a toujours le même mérite; mais la portée en est cachée. C'est pourquoi le moindre des hommes, qui semble ici-bas si petit, se verra tout à coup immense lorsque, par la résurrection, son âme éclatera dans l'Infini avec tous les efforts qu'elle a opérés en ce monde.

Qui donc a vu le poids que la vie fait

peser ici-bas sur toute âme? Si les hommes n'étaient pour Dieu que ce qu'ils nous paraissent, quelle joie recueillerait le Ciel? Si l'âme, même indépendamment des mérites de Jésus-Christ, n'était pas plus en elle-même que ne le montre le temps, Dieu ne se serait-il pas décidé à retirer la création, pour empêcher la culpabilité de s'aggraver encore?

Ah! tant que le monde existe, affirmons, au nom du Dieu bon, que le fleuve des libertés roule encore à ses pieds sacrés les perles du mérite... Car l'Évangile, nous annonçant la fin des temps, ajoute : « Et si le Seigneur n'eût abrégé ces jours, personne n'aurait été sauvé. » Ce qui nous fait comprendre que jusqu'alors la liberté humaine conservera une partie de la fécondité qui lui vient de la grâce. Croyons-en la création : il se passe quelque chose de beau !

Dirai-je enfin qu'il est un mot dans les

langues, remarquable après celui de Dieu, et qu'on n'applique pas au Ciel : ce mot fut inventé pour l'homme ! Le *Sublime* consiste dans la liberté aux prises avec la destinée, ou avec la lutte par moment redoutable que lui présentent les passions. Dieu est infini; l'homme seul est sublime : car l'homme seul peut s'élever au-dessus de lui-même ! On n'est sublime que devant la douleur ou devant la mort : soit déjà lorsque l'acte du moi, perçant l'obstacle des forces étrangères, commence le miracle de la personnalité humaine, mais surtout lorsque le miracle s'achève, à l'heure où, arrivant de lutte en lutte sur les hauteurs de la conscience, la personnalité s'élance pour se donner à Dieu, lui offrant de la sorte, en elle, comme une image de l'Infini!! L'homme n'est sublime que parce que Dieu peut l'admirer...

CHAPITRE XXIX

UNE IDÉE SUR LE GRAND PROBLÈME.

. . . .
Toute âme a son secret qu'elle veut révéler...
HARMONIE XI.

N'a-t-on point observé une chose grave? c'est que non-seulement la douleur se présente comme une contradiction, mais qu'elle semble encore hors de proportion avec l'homme. Si Dieu voulait, il ne faudrait qu'une douleur pour purifier un être, qu'une douleur pour qu'il renonce à lui! Qu'elle éclate aujourd'hui dans une âme, qu'elle l'ait renouvelée dans un élan d'abnégation, il semble que tout est achevé. Mais voilà que demain la douleur revient, et elle revient avec les trois cents jours de l'année, et avec toutes les années de la vie. L'amertume coule sans fin, débordant au loin l'existence. Et, du faîte de ses destinées, l'homme aperçoit sa vie comme un faible point ballotté sur l'immense océan des douleurs. L'homme est tellement convié à souffrir qu'un poëte ne craint pas de le rappeler « à cette partie de lui-même où gît toute sa force, à savoir, la douleur. »

La remarque faite ici pour la douleur est à faire pour la liberté, dont les efforts se trouvent également dans une inexplicable disproportion avec la débilité de l'homme. Un seul acte de pleine et entière liberté ne pouvait-il suffire à fixer la responsabilité dans un être? C'est ce qui eut lieu pour les anges, puisque la succession fut à peine ouverte devant eux, et qu'ils n'en furent pas moins fixés dans une direction irrévocable. Et, pour Adam, le fait est bien plus frappant encore, puisqu'un seul acte décida du sort de sa race entière.

Que l'homme donc soit mis une fois à l'épreuve, et qu'une fois il en sorte victorieux, n'a-t-il pas décidé de la direction de son âme et du choix de son cœur? Mais voilà qu'aussitôt l'épreuve reparaît; et elle reparaît à tous les instants de la vie. Sans doute l'homme fit peu pour fixer en lui la plante du mérite; mais s'il fit ce que lui demandait l'Infini! Alors, à quoi bon le refaire? Cependant la fertile épreuve se multiplie sans fin, dépassant mille fois la valeur de la vie. A chaque pas, l'homme dépose le socle d'une responsabilité nouvelle, et, à l'extrémité de la carrière, il n'aperçoit que lui, dans l'immense plage, pour prendre place sur tant de constructions...

Pourquoi la liberté recommence-t-elle

toujours, et pourquoi la douleur ne finit-elle jamais ? Puis-je dire que mon cœur, une fois rempli par l'amertume, ne s'en remplira plus ? La mer passe sur l'éponge gonflée sans y ajouter une goutte, et mon cœur se sèche de lui-même pour mieux être encore inondé ! Puis-je dire que ma liberté, s'abattant sous l'épreuve, ne se lèvera plus ? le burin tombe en poussière avec le roc qu'il veut percer, et ma liberté se reforme elle-même pour mieux recommencer ! Que je regarde au dehors, que je regarde au dedans, partout l'immensité de l'effort et de la douleur.

Sur une telle disproportion dans l'homme, émettons une simple vue :

L'homme aurait-il autant de grandeur, s'il n'était chargé que de son propre poids ? La liberté, cette énorme puissance confiée à un être si frêle, pourrait-elle ne servir qu'à celui qui l'exerce ? La douleur, cette épreuve aussi redoutable à l'être que le néant, pourrait-elle ne profiter qu'à celui qui la porte? L'Église ne nous a-t-elle pas appris que, par la sublime loi de la Communion des saints, la communication des biens spirituels est établie entre toutes les âmes qui travaillent encore sur la terre, celles qui règnent dans le Ciel, et celles qui se purifient dans le Purgatoire? Nous communiquons avec les âmes qui règnent dans le Ciel en ce que, ayant égard à nos prières, elles intercèdent pour nous auprès de Dieu et nous font participer à leurs mérites. Nous communiquons avec les âmes qui se purifient dans le Purgatoire en ce que, leur appliquant nos prières, nous les soulageons par nos bonnes œuvres et les faisons participer à nos mérites.

Ce Dogme, sur lequel reposent la force de ceux qui vivent et l'espoir de ceux qui meurent, ce Dogme qui lie le Ciel à la terre, et la terre aux lieux définitifs de l'expiation, tire lui-même sa force de notre liberté. Alors ces trois hommes, l'homme triomphant, l'homme militant et l'homme souffrant, forment comme un seul être dont un pied est déjà dans le Ciel. A la lumière de l'Infini, tous les hommes redeviennent les membres les uns des autres. Les mérites de chacun se répandent sur tous, dans ce mystérieux corps, par le canal de la réversibilité, véritable rétablissement de la circulation du sang de l'homme. Mais une aussi merveilleuse réversibilité, où pourrait-elle prendre sa source, si ce n'est dans une unité plus merveilleuse encore? unité et solidarité de l'essence créée, dont notre raison ne saura jamais comprendre l'étonnant mystère en ce monde.

Là n'est point toute l'idée. Il faut chercher encore pourquoi l'homme est sublime..
Il faut trouver les racines ontologiques de l'antique et inébranlable doctrine des œu-

vres surabondantes : *Operum superecrogationis*. Une telle pensée, apportée par l'Église, ne sortit pas en vain des tendresses inspirées de la Foi !

Des mondes innombrables circulent au-dessus de nos têtes, des créatures innombrables doivent les habiter, et toutes ne forment qu'une création au sein de l'Infini. Dans la nature on ne voit qu'une loi; les êtres sont placés aux différents degrés de cette loi, et au sommet de l'échelle se trouve l'être qui les complète et qui explique toute la loi.

Or, comme l'univers physique, avec ses myriades d'étoiles éclairant peut-être autant de globes habités, se rattache, de système en système solaire, à un centre qui détermine tout, que savons-nous si le monde moral, avec ses myriades d'êtres placés dans le sentier de la création, ne se rattache pas, de race en race d'âmes, à une seule race qui décide de tout? De même que, par leur unité d'être et par la Communion des saints, une solidarité intime réunit tous les hommes qui ont habité ce globe, que savons-nous si une solidarité universelle n'existe pas entre toutes les créatures intelligentes répandues sur les globes, à cette fin que l'homme, être central, soit chargé, dans des proportions ignorées, du don prodigieux de la liberté?.. Et toute la création porterait sur lui!

« Dans le ciel de la paix, dit le Dante, se meut une essence dont la vertu renferme l'être de tout ce que l'être lui-même contient. Le ciel suivant, *qui a tant d'étoiles*, distribue cette essence entre diverses substances, d'elle distinctes et en elle contenues. Les autres cieux disposent de diverses manières les substances distinctes qu'ils possèdent. » Quelle unité s'annonce au sein d'une variété si heureuse!

D'abord, cette liberté est quelque chose de si redoutable, que l'Éternel peut bien avoir créé une race tout exprès pour en porter le terrible fardeau ! Le principe ontologique de l'homme semble être aussi un principe cosmogonique, fondé sur l'unité et la reversibilité universelle d'une même création au sein de Dieu. La liberté, cette merveille du relatif, paraîtrait comme l'axe de la création entière !

Et, ensuite, la douleur est quelque chose de si insigne, qu'elle imprime un caractère sacré à tout ce qu'elle touche. Le saint, cet être fondu avec la douleur, n'est-il pas le vrai but, le chef-d'œuvre complet de la mission terrestre ? Seul parmi nous il touche aux sceaux de l'Infini et pose le cachet du miracle ! Et le martyr ? cette âme ne serait-elle que pour son holocauste ? L'homme, ce monarque de la douleur, apparaît comme le grand prêtre de l'église immense des esprits !

Les êtres innombrables qui remplissent les cercles majestueux de la création seraient créés dans la beauté et la constante douceur du bien, attendant que, sortis du même sein, l'être armé d'une liberté si grande vînt obtenir, par la réversibilité, l'héritage promis à leurs légions innocentes, comme les pères et les mères méritent pour leurs descendants, comme notre religieuse loi invite les vivants à expier pour les âmes qui traversent les lieux du Purgatoire. Et tous les êtres spirituels, ayant été divisés pour aimer, seraient répartis dans l'espace et le temps, afin de recomposer un jour la magnifique unité de l'octave éternel; et l'univers entier serait attentif à ce qui se passe sur cette terre, lieu sacré du combat ; et l'homme, cette créature cosmogonique, serait comme le nœud de toute la création... Voilà donc pourquoi le mystère de la Rédemption se serait accompli sur la terre?..

Qui n'a pas entendu le grand début de la Genèse : « Au commencement, Dieu créa le ciel, *et la terre?* » Il n'est pas dit d'une manière générale que Dieu créa tout l'ensemble à la fois, mais, le ciel, puis la terre, comme si elle entrait ici en équilibre avec la totalité du ciel. Car, c'est après que Dieu eut fait la terre qu'il créa les étoiles et les deux grands corps lumineux, « afin, nous dit encore la Bible, qu'ils éclairent la terre. »

Il était difficile de considérer une existence aussi surprenante que celle de l'homme, sans pressentir que des prérogatives d'un ordre incommensurable devaient s'y rattacher !

CHAPITRE XXX

—

DOULEUR ET AMOUR : VOILA L'HOMME.

Sueurs de l'homme ! larmes de l'homme ! sacrées jusque dans le nom que vous prêtent les langues, auriez-vous le grand respect du genre humain, si vous tiriez tout votre prix des motifs, presque constamment vains, qui vous ont fait couler?

Mais l'univers nous en a dit peut-être plus que l'homme.. Ici tout se ramène à cet être sublime, sur qui Dieu semble concentrer ses sollicitudes, comme chaque astre du ciel dirige sur lui ses rayons. Tout demande une place autour de lui, jusqu'à ces globes qui se plient sous la subordination apparente dans laquelle la petitesse, qu'inventa la distance, les fait circuler sous nos yeux. Leurs feux secondaires, s'allumant sur nos têtes à l'heure des mystérieuses paix de la nuit, semblent nous les montrer comme suspendus d'admiration, roulant dans l'orbe d'une prière immense autour du lieu libérateur... Vois au loin, et cette terre, et ces cieux.. la lune aussi harmonieuse qu'un chant.. les étoiles comme des sons flottant pour rallier l'immensité.. et, dans l'azur, la pourpre lointaine des mondes.. l'insaisissable et le divin partout.. Homme, vois, tout est si beau !. Dis, si pour ton seul agrément ces paupières fortunées se sont ouvertes à la lumière !

Non, la nature n'a pu retenir sa pensée ni garder le secret des cieux. Quel hymne chante le soir dans les solitudes du silence?

J'ai écouté les bruits de la terre : ils me racontaient quelque chose d'inconnu ; et j'avoue que je n'ai pu assister au spectacle de ses nuits, sans être pénétré d'un frémissement immense et solennel. Poëte, il faut me dire quel est ce grand secret de mélancolie que la lune aime à raconter aux vieux chênes et aux rivages antiques des mers...

Pour moi, sur la montagne, j'ai entendu passer le vent comme s'il portait tous les soupirs des mondes. Et dans les cimes des grands pins, et vers le bord de mes genêts, derrière le pan de ma muraille, comme auprès de ma porte close, toujours sa voix est revenue avec les mêmes gémissements, et mon âme m'a demandé ce que c'était.

— Ah ! il faudrait que je fusse morte pour rester sourde à cette voix ! Que je m'enfonce dans les bois, que je fuie sur les monts, que je traverse les plaines, que j'approche de l'Océan, la même plainte arrive à moi... Pourquoi cette belle nature vient-elle ainsi partout gémir ? il faut bien que quelqu'un lui donne cet accent qui nous attendrit...

Et je répondais à mon âme : Écoute mon pressentiment.

Les célestes hiérarchies brillaient dans leur innocence; et Dieu songeait aux êtres qui brilleraient surtout dans leur mérite. Déjà l'éternelle pensée contenait les essences qui devaient être par héroïsme ce que l'ange est plutôt par nature : celui-ci avait à conserver ses dons, celles-là devront les conquérir. Les Cieux restaient consternés d'avoir vu l'orgueil naître de la spontanéité hâtive du bonheur !

L'amour ne tentera plus de faire échapper les esprits aux rigueurs des conditions éternelles. L'Absolu a des frontières redoutables ; mais la douleur deviendra le passage et l'élan d'une audacieuse liberté ! Les âmes recevront le temps : elles formeront successivement en elles ce qui s'opère identiquement et éternellement dans l'Être..... Alors l'Éternel demanda au Ciel bienheureux s'il n'y avait pas quelque puissance qui voulût aussi porter la douleur pour la nouvelle Création. Les hiérarchies divines, se pressant tremblantes contre Dieu, restèrent dans le silence.. Alors Dieu dit : Je ferai l'homme à mon image et ressemblance !

L'homme emploiera une puissance au delà de celle qui est à lui. Puis, en l'envoyant à la vie, Dieu lui offrira l'arbre du bien et du mal, le prévenant que, s'il en dérobe le fruit en échange de l'innocence, la nature, aussitôt rebelle, se lèvera contre sa volonté, tandis que la douleur, attentive, prendra les chemins de son cœur. De là, la Rédemption fut regardée comme contemporaine de l'épreuve, et comme appartenant au même décret divin... Dès lors Dieu s'immole pour l'homme, et l'homme, ici, pour l'univers...

— Ah ! dis-moi quelque chose d'infini sur l'homme, parce que dans mon émotion je vis à une profondeur que ma pensée n'éclaire plus...

Le Dieu qui aime ne veut pas voir toutes ses créatures éprouvées à la fois dans les douleurs de l'ineffable enfantement. Vers cette tendre oreille des Cieux; les cris de l'individualité naissante ne pouvaient monter de tous les points de l'univers : reculer les bornes de l'être, c'était porter plus loin les confins du bonheur ! Cependant l'Infini, parcourant sa carrière éternelle, versait à profusion les sels de la vie sur les champs arides du néant; et l'immense douleur, fécondant les germes des êtres, couvrait la création... Il fallait donc que l'onde amère se retirât de ses nombreux rivages pour s'enfermer dans son golfe le plus étroit ! Pour que l'éclatante joie, révélant l'immortalité aux êtres, puisse briller sur l'univers, le filon d'or de la souffrance habitera des cœurs profonds...

Et cette main de l'Infini qui dans un

germe mit tout l'arbre, et dans l'arbre une forêt, mit dans la souche toute l'espèce, et comme l'œuvre de l'espèce. C'est ainsi qu'on vit sur la terre les Patriarches être la source des nations ; ils leur ont fait leurs destinées de même que leur gloire et leur nom... Et Dieu retirant la causalité, ce principe premier de l'être, il la condensera sur une race de Rois, à laquelle sera de même confiée l'épreuve des innombrables nations des âmes.

Cet être royal portera le sceptre de la liberté, et marchera enveloppé dans la pourpre de la douleur. En lui est le pouvoir de tous, en lui sera l'œuvre pour tous ! Alors cet être sera vu représentant sa race entière devant l'épreuve, afin que sa race à son tour soit chargée de l'imputabilité universelle. Car l'homme sera tiré du principe de l'identité de cette grande création portée dans les flancs de l'amour... Et Dieu ayant conçu l'être cosmogonique, en celui-ci les êtres se sont retirés dans leur essence!

Voilà pourquoi, au dernier jour de la terre habitée par l'homme, « les étoiles tomberont; les vertus du Ciel seront ébranlées, et le Fils de l'homme assemblera ses élus des EXTRÉMITÉS DU CIEL jusqu'à celles de la terre... »

— Ah ! dis-moi quelque chose d'infini sur l'homme, parce que dans mon émotion je vis jusqu'à une profondeur que ma pensée n'éclaire plus...

Fixé au bout de la chaîne électrique des êtres, l'homme se sentira un avec l'univers. Foyer central dans sa souffrance, grand réflecteur par son amour, il sera le Patriarche des mondes, et l'universel Adam. Pour lui révéler sa mission, Dieu descendra sur ce globe ; et lorsque, assumant toute la douleur des temps pour la faire tenir dans son cœur, et que, portant la croix du monde, il gravira le Golgotha, une voix dira : VOILA L'HOMME !. Et l'homme, bien que sacré pour l'héroïsme et pour l'effort, viendra s'écrier à son tour : Si le calice ne peut se détourner, que Votre volonté soit faite !

Dès lors le fils ardent de l'être ira fonder dans le fini une existence sublime, par la liberté, et lui tracer vers l'Infini des frontières éternelles, par la douleur. Tout va mouvoir sur ce seul être ; Dieu a trouvé le point où doit tomber abondamment sa grâce, le poëme vivant de la création marchera dans son unité...

L'homme achevé, les cieux s'écrient : *Valde bona!!* Tout est parfait!!. A chaque bonne action qu'il fera, une âme naîtra dans un monde portant l'imputabilité; à chaque douleur qu'il aura, cette âme trouvera en elle un pouvoir de félicité. Mais l'homme, qui a ceint la douleur, revêtira la sainteté pour paraître au milieu des anges! Dès lors le temps se déroula : les larmes aussitôt coulèrent dans les ruisseaux du genre humain. Douleur et amour, tel fut l'homme; tel il est encore aujourd'hui..... Et il aima et travailla; et il gémit pour travailler, et gémit aussi pour aimer!

— Ah! dis-moi toujours quelque chose d'infini sur l'homme, parce que, dans mon émotion, je souffre à une profondeur où ma pensée n'arrive plus...

— Oui, je crois qu'un monde gravite dans l'espace pour toute âme qui entre en cette vie, car le poids de douleur qu'un seul cœur peut porter semble faire équilibre au poids de tout un monde.....

ÉPILOGUE

Toutefois, ô mon âme, laissons là ces pressentiments. Si les choses ne sont pas ainsi, c'est qu'elles sont plus belles encore, et telles que la Foi nous l'annonce, « l'esprit de l'homme n'ayant rien vu ni rien compris qui puisse leur être comparé ! » Et si tu restes embarrassée de la constance et de l'immensité des douleurs, songe à ce qu'il faut d'expiation, de purification à l'âme pour approcher du Trois-Fois-Saint ! Songe que Dieu donne pour tâche à cette vie de réduire l'égoïsme horrible d'un moi formé hors de son Essence adorable, hors de son cœur sacré..

Puis, que t'importe, ô mon semblable, dans quel but tu verses des larmes ? l'Infini les reçoit toujours ! Prends donc ta croix et suis le Christ, sans savoir si, comme lui, tu la portes pour tout un monde. Qui le suit ne marche point dans les ténèbres! Il n'a pas été dans sa vie une seule heure sans souffrir ; si, pour nous, il y avait un moyen meilleur, il nous l'aurait sans doute appris.. Toi qui nais d'un désir de Dieu, âme si belle, ne te sens-tu pas emportée vers Celui qui, de prime-abord, s'est révélé à toi par le présent divin, éblouissant de l'existence?.

APPENDICE

« Le sang répandu sur la Croix, dit saint Paul, a pacifié tant ce qui est sur la terre que ce qui est au Ciel [1]. » C'était l'opinion d'Origène (grand homme, dit Bossuet, et l'un des plus sublimes théologiens qui aient illustré l'Église), que « le sang répandu sur le Calvaire n'a pas été seulement utile aux hommes, mais aux anges, aux astres et à tous les êtres créés [2]. »

Le saint antagoniste d'Origène, saint Jérôme, déclare lui-même que c'est encore une opinion reçue, « que la Rédemption

---

[1] Saint Paul nous apprend que le sang du Sauveur va partout : « *Pacificans per sanguinem crucis ejus, sive quæ in terris, sive quæ in* cœlis *sunt.* »

[2] « *De morte Christi, non hominibus solum utili, sed angelis etiam et* sideribus. »

appartient au ciel autant qu'à la terre. » Saint Chrysostome déclare à son tour « que le saint sacrifice, célébré jusqu'à la fin des temps, opère pour tout l'univers. » « Mais contemplez, dit ailleurs Origène, l'expiation du monde entier, c'est-à-dire des régions célestes, terrestres et inférieures, et voyez que l'Agneau seul a pu ôter les péchés du monde. » Ou encore : « L'autel était à Jérusalem, mais le sang de la victime baigna l'univers. » Ou encore : « Pourquoi Celse croit-il que nous comptons pour rien la lune et les étoiles, tandis que nous avouons qu'elles attendent aussi la manifestation des enfants de Dieu? Que n'a-t-il entendu l'hymne : *Louez-le, ô vous, étoiles et lumières!* » etc. [1].

[1] « La terre, a dit de nos jours le docteur Sepp, est comme le tabernacle de la création entière; comme l'autel où l'Éternel descend tous les jours et dont il fait l'empyrée de l'univers. C'est sur la terre qu'est Jérusalem, Autel sacré d'où le sang de la divine Victime a coulé sur toute la création. Notre planète a donc plus

Après avoir rappelé ces textes patristiques, le comte de Maistre dit : « Au reste, c'est assez pour moi de chanter avec l'Église romaine :

> Terra, pontus, ASTRA, mundus,
> Quo lavantur sanguino [1].

« Aussi, ajoute-t-il, je ne puis assez m'étonner des scrupules étranges de certains théologiens qui pensent que l'hypothèse de la pluralité des mondes ébranlerait le dogme de la Rédemption. Alors faut-il croire que l'homme, voyageant dans l'espace sur sa triste planète, est le seul être intelligent du vaste système du monde ? Jamais pensée plus mesquine ne s'est présentée à l'esprit humain ! Y a-t-il rien de d'importance au point de vue spirituel, qu'elle ne semble en avoir d'après sa position astronomique. Et le genre humain, qui la peuple, donne dans sa conversion plus de joie à Dieu que les habitants de tous les autres corps célestes. » — *Vie de N.-S. J.-Christ*, t. II, ch. XXII, *Position centrale de l'homme et de la terre*.

[1] Hymne du vendredi saint. Bréviaire romain.

plus certain que cette proposition : Tout a été fait par et pour *l'intelligence?* Un système planétaire peut-il être autre chose qu'un système d'intelligences, et chaque planète n'est-elle point alors le séjour d'une famille? La poussière connaît-elle Dieu? Or, si les habitants des autres planètes ne sont pas coupables, ils n'ont pas besoin du même remède; mais si, au contraire, ce remède leur est nécessaire, ces théologiens ont-ils donc peur que la vertu du sacrifice qui nous a sauvés ne puisse arriver jusqu'à eux? Disons avec saint Jean : *Voici l'Agneau qui porte les péchés du monde* [1] ! »

Pour donner lieu à un mérite inouï, Dieu peut-être a permis à Satan d'éprouver la race à laquelle, par une compensation sublime, il était décidé d'adjoindre intimement et corporellement son Fils. Or, les mérites du Fils de l'homme étant d'une

---

[1] *Eclaircissement sur les Sacrifices*, par M. le comte J. de Maistre.

valeur infinie, le sacrifice du Calvaire ne pouvait pas se répéter. Il semble en outre que le péché qui donna lieu à la Rédemption, n'a pas dû se reproduire sur tous les mondes. Dieu, sans doute, tenait à restreindre à la terre ce résultat de l'arrivée, dans l'existence, du libre arbitre, de l'imparfait et du créé..

Alors pourquoi parlerions-nous des mérites que peut amasser l'homme pour les verser sur des êtres fixés dans l'innocence, quand les mérites du Fils de l'homme sont infinis? Quelles races d'âmes pourraient tarir une semblable source, et pourquoi la nôtre irait-elle seule puiser directement dans ce compte ouvert par l'Infini? Ce n'est donc là qu'une allégation. A moins qu'ici le Créateur n'ait voulu voir briller dans son ouvrage une image de l'unité qui fait resplendir l'Infini de toutes les perfections éternelles. A moins qu'à la requête de l'amour, il n'ait souhaité qu'un même lien de solidarité et de réversibilité [1] embrassât tous les êtres que sa création dépose dans son divin cœur! A moins, encore, que Dieu n'ait voulu offrir ici à ses élus ses propres joies de père, en les entourant d'enfants immortels! La suprême bonté a pu mener, pour l'homme, la divine ressemblance au point de l'environner, dans la Gloire, des âmes que ses mérites, divinisés par Jésus-Christ, appelleraient ainsi à la Béatitude! Que pourrait-il être ajouté de plus intime et de plus doux à la joie éternelle, sinon ce que Dieu a lui-même voulu ajouter à la sienne en nous créant?..

Et, sans cela, il est des âmes qui, se vouant au célibat, renoncent au bonheur d'Abraham, comptant au sein de la Gloire les âmes

---

[1] « La question des souffrances du juste, dit encore M. de Maistre, conduit à celle de la *Réversibilité*, qui est le grand mystère de l'univers. Je me suis arrêté sur le bord de cet abîme, ajoute-t-il : *la Réversibilité expliquerait tout, si elle pouvait être expliquée...* »

qu'il a données à Dieu! Ce sacrifice, qui traverse l'éternité, serait-il accepté de l'Infini sans une compensation surprenante? Et celle-ci ne doit-elle pas combler ces âmes sur le point même où leur amour s'est épanché en sacrifice?

Toutefois, restons-en là sur ces pressentiments. Mais concluons toujours dans la Foi, que, si les choses ne sont pas ainsi, c'est qu'elles sont plus belles encore...

— Eh! comment?—Un mot nous le laisse entrevoir. Nos souffrances glorifient Dieu : car la difficulté pour l'âme est d'être loin de l'Infini, de porter l'épreuve du temps, non-seulement sans impatience et sans blasphème, mais avec allégresse, et dans cette paix glorieuse que le Sauveur ne cessait d'apporter et de souhaiter à ses disciples. De telles souffrances ne sont rien moins en nous qu'un triomphe de l'Infini, qui voit briller alors le succès de son œuvre. Elles justifient sa création aux yeux du souverain amour, comme à ceux du grand contempteur...

Or si l'homme, avec son néant, entre pour quelque chose dans la Gloire divine, qu'on juge de ce qu'il doit en revenir à sa propre gloire ! Et déjà la seule pensée de conduire l'homme plus avant dans la Gloire suffit à expliquer le poids surprenant de douleur et d'efforts qu'il porte en cette vie...

A coup sûr, le triomphe de l'ineffable Créateur est de voir les âmes soutenir l'épreuve du temps, c'est-à-dire de la privation de l'Infini! Mais si ces âmes peuvent y joindre la douleur, c'est-à-dire la privation même de la vie du temps, elles remportent la plus grande victoire. Se laissant remettre ainsi dans un néant qui permet de les conduire à l'amour, comme un premier néant permettait de les conduire à l'être, ces âmes qu'embrase la grâce ont montré combien on peut souffrir pour la gloire de Dieu. Et

Dieu, voyant un si grand combat et de telles immolations, en tressaille de joie.

C'est pourquoi une multitude innombrable de saints, qui sont tombés sous le glaive de la patience, se verront couronner dans le Ciel de l'auréole des martyrs (auréole dont peut-être ne pourront se parer les anges, qui n'ont point porté cette croix). Car l'auréole est pour l'élu un reflet personnel de la Gloire : elle fait étinceler sa propre gloire au sein de la Lumière. C'est en lui comme un titre de noblesse divine, comme un signe spécial de ce qu'il a fait pour l'Infini. L'âme souffrant ici-bas avec joie est un Alleluia qui monte de l'abîme jusque dans la Gloire éternelle...

Si l'homme veut réfléchir qu'il n'a en propre que son néant, et qu'il est appelé à de si prodigieuses destinées, il verra vite qu'il n'y a pour lui qu'une science, l'humilité; qu'une pratique, l'abandon; qu'un état, la reconnaissance; qu'un sentiment, l'adoration...

TABLE

Préface de l'édition nouvelle v
Avant-propos de la première édition xxii
Prologue. 1

PREMIÈRE PARTIE.

Chapitre Iᵉʳ. La Douleur au point de vue de l'Infini. 3
Chap. II. La Douleur au point de vue de l'homme. 9
Chap. III. Œuvre de la Douleur dans le temps . 17
Chap. IV. Fruits de la Douleur dans cette vie et au delà 31
Chap. V. Métaphysique de la Douleur 45

SECONDE PARTIE.

Chap. VI. La Douleur explique le sens de la vie. 53
Chap. VII. L'homme pleure en venant au monde, plus tard il saura pourquoi 65

Si l'homme veut réfléchir qu'il n'a en propre que son néant, et qu'il est appelé à de si prodigieuses destinées, il verra vite qu'il n'y a pour lui qu'une science, l'humilité; qu'une pratique, l'abandon; qu'un état, la reconnaissance; qu'un sentiment, l'adoration...

TABLE

Préface de l'édition nouvelle v
Avant-propos de la première édition xxii
Prologue. 1

PREMIÈRE PARTIE.

Chapitre Ier. La Douleur au point de vue de
    l'Infini. 3
Chap. II. La Douleur au point de vue de l'homme. 9
Chap. III. Œuvre de la Douleur dans le temps . 17
Chap. IV. Fruits de la Douleur dans cette vie et
    au delà 31
Chap. V. Métaphysique de la Douleur 45

SECONDE PARTIE.

Chap. VI. La Douleur explique le sens de la vie. 53
Chap. VII. L'homme pleure en venant au monde,
    plus tard il saura pourquoi! 65

PAGINATION DECALEE

CHAP. VIII. Comment la Douleur a été réglée dans une loi. — Le Travail 77
CHAP. IX. Portée ontologique du travail . . . 85
CHAP. X. Le travail applique la Douleur aux différents états des âmes. — Les positions de la vie. 93
CHAP. XI. Légitimité des rangs et des positions dans la vie 103
CHAP. XII. L'homme reçoit un aide dans le travail et dans la Douleur. 113
CHAP. XIII. Les âmes sont graduées dans la vie sur les zones de la Douleur. — Hiérarchie mystique. 121
CHAP. XIV. Les classes dans la société répondent aux degrés des âmes. 129
CHAP. XV. La Douleur équilibre pour le Ciel le cœur et la volonté. 139
CHAP. XVI. Refuge des âmes attendries . . . 149
CHAP. XVII. D'où l'homme peut tirer la force de souffrir 161
CHAP. XVIII. Nos âmes suivront jusqu'au bout leur Pasteur. 169

TROISIÈME PARTIE.

CHAP. XIX. L'objection à la Douleur vient du point de vue du temps 181
CHAP. XX. Trois objections. 189
CHAP. XXI. L'objection tirée de la Chute s'évanouit devant la liberté. 197

Chap. XXII. Pourquoi l'homme a passé par l'esclavage	207
Chap. XXIII. Source de l'émancipation de l'homme	215
Chap. XXIV. Finalité du travail et de l'homme.	221
Chap. XXV. La grande loi de ce monde est celle de la formation des âmes	229
Chap. XXVI. Pourquoi Dieu permit notre chute.	237
Chap. XXVII. Pensée divine que la Chute dévoile	247
Chap. XXVIII. Grande question sur la Douleur .	258
Chap. XXIX. Une idée sur le grand problème .	266
Chap. XXX. Douleur et amour : voilà l'homme.	278
Épilogue	290
Appendice	293
Errata et observations	308

ERRATA ET OBSERVATIONS.

Page 15, lig. 9, abdiquer sa loi et sa liberté; lisez. : abdiquer jusqu'à sa liberté.,

P. 25, l. 13, céderaient un moment.. C'est-à-dire, qu'elles tenteraient l'impossible pour glorifier Dieu; car il faut bien repousser l'idée étrange, que des âmes pourraient, par amour pur, s'engager à souffrir éternellement de la privation de Dieu; ce qui serait, en d'autres termes, renoncer éternellement à l'aimer, et par amour pour Lui!

P. 25, l. 19, Les âmes vont d'elles-mêmes dans le Purgatoire! C'est-à-dire, qu'elles iraient d'elles-mêmes dans le Purgatoire, plutôt que de se présenter devant Dieu, flétries par une imperfection qui pût écarter son regard.,

P. 26, l. 3, pus de perfection ; lis. : plus de perfection..

P. 36, l. 16, comme si la flamme sortait de; lis : comme s'il voyait cette flamme sortir de..

P. 37, l. 3, comme si elle y joignait ; lis. : comme s'il s'y joignait..

P. 70, l. 11, ce désir lui sera; lis. : et ce désir lui sera..

P. 95, l. 6, suivant leur nature; lis. : suivant leurs efforts..

P. 96, l. 1, luttan; lis. : luttant..

P. 130, l. 2, Le jour où le ; lis. : Puis, le jour où le..

P. 276, l. 4, sortis; lis. : sorti..

Paris. Imp. de Ch. Noblet, 13, rue Cujas. — 1878.

www.ingramcontent.com/pod-product-compliance
Lightning Source LLC
Chambersburg PA
CBHW060456170426
43199CB00011B/1224